目　次

シックスクール問題と対策

第3章　学校無線LANと電磁波の影響

第1章　電磁波・化学物質で体調不良が発生

私たちは毎日の生活のなかで、柔軟剤や洗剤、制汗剤、化粧品などさまざまな化学物質を使っています。また、スマートフォンで動画を見たり、メールを送受信するのが当たり前になり、生活環境はテレビやラジオ、携帯電話、無線LAN（Wi‐Fi）などの電磁波で溢れています。

しかしその一方で、衣類用洗剤や柔軟剤の香料で体調が悪化する「香害」が注目されるようになり、携帯電話やスマホの電磁波で頭痛やめまいを起こす電磁波過敏症の発症者も世界的に増えてきました。

電磁波や化学物質などの環境因子への感受性は個人差がありますが、とくに子どもは影響を受けやすく、クラスメートの衣類についた香り付き柔軟剤が原因で教室に入れなかったり、学校に設置された無線LAN（Wi‐Fi）で体調を崩している子どもたちが全国にいます。

本書では、そういった子どもたちの現状を紹介し、すべての子どもが安全に学べる環境と社会を作っていくために、どんな対策が必要なのかを考えていきたいと思います。

化学物質と電磁波で起きる異常とは

私たちの体の神経系は、微弱な電気信号や化学的物質を使って情報伝達などに利用しています。脳（中枢神経）は、情報を受け取って処理・判断し、記憶や思考に関わります。末梢神経には、自覚したり意思でコントロールできる体制神経（筋肉を動かす運動神経と、温度や触感、痛みなどの知覚情報を伝える知覚神経）と、心臓や胃腸の動きに関わる自律神経があります。

例えば、冷たい水の入ったコップをつかんで飲もうとした場合、「コップをつかむ」という指令が、脳から手まで運動神経を通じて伝わります。コップをつかんだ時のガラスの感触や重さ、冷たさなど

図1　ニューロンとシナプス

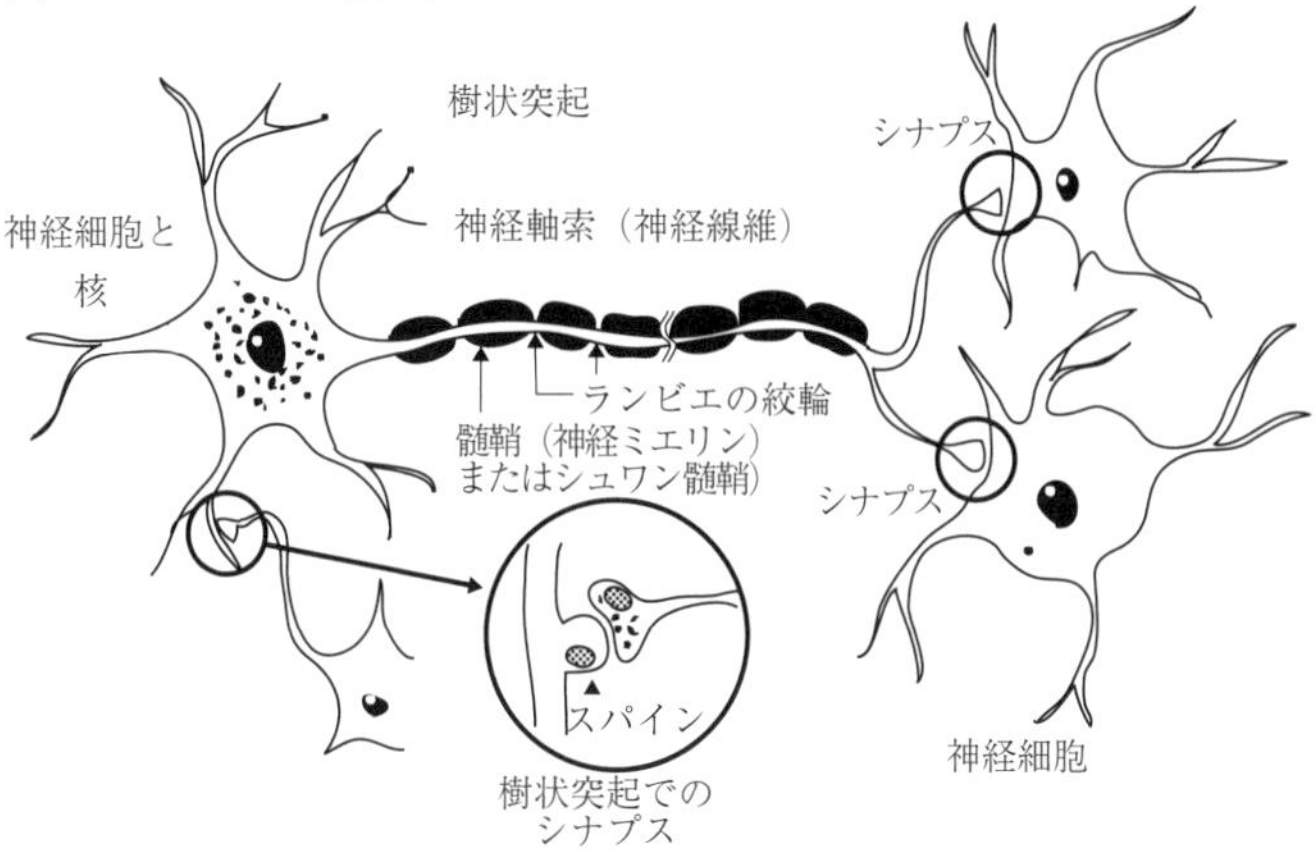

図2　神経伝達物質の放出

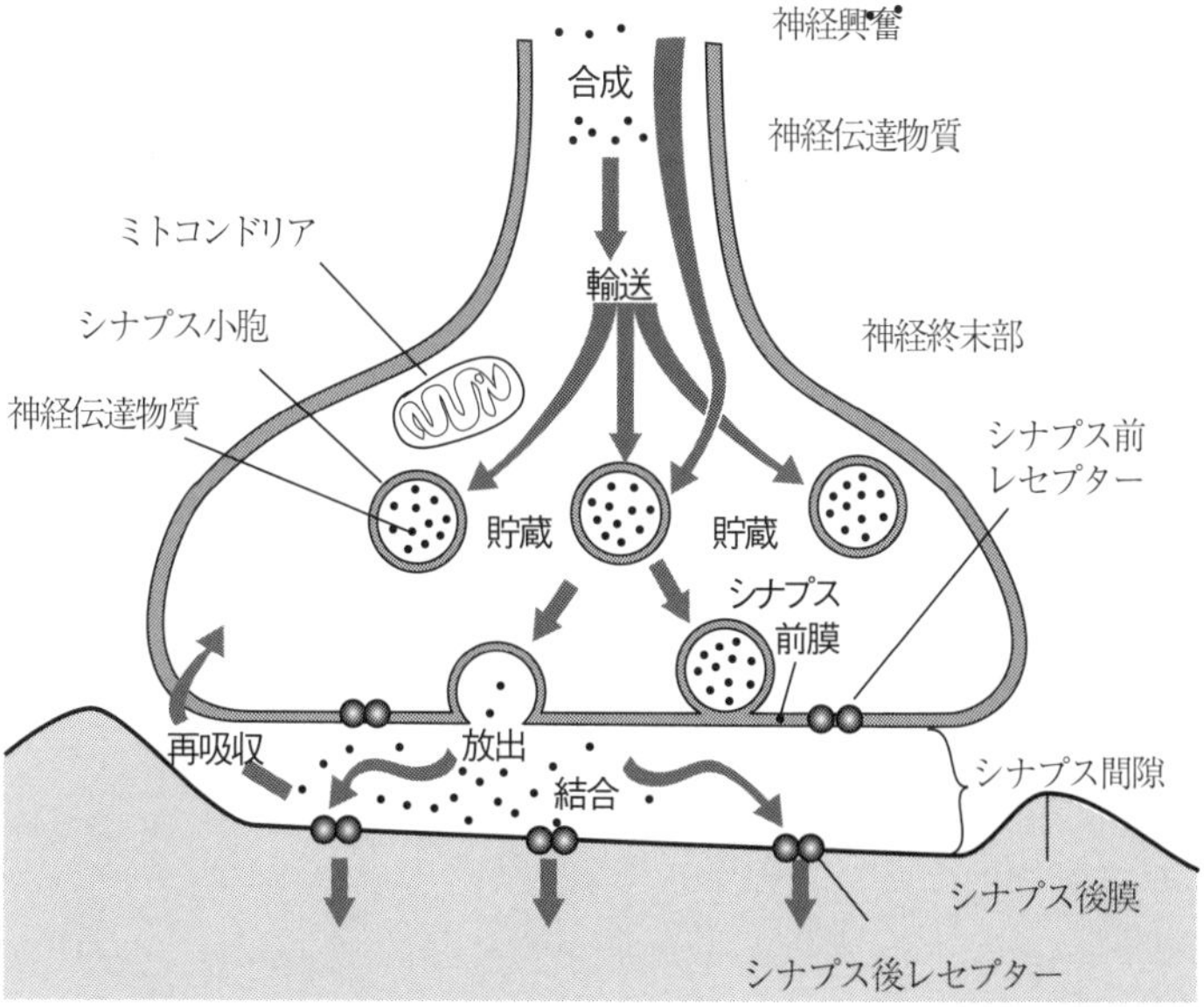

出典）『絵でみる脳と神経　しくみと障害のメカニズム　第2版』医学書院より

の知覚情報は感覚神経を通じて脳に届けられます。

このような情報伝達でも、電気信号と化学的な物質が使われます。たとえば、神経細胞からは複数の樹状突起や、長い神経線維が延びていて、これをニューロンと呼びます。神経細胞で作られた情報は電気信号としてこの神経線維を伝わって他の神経細胞に伝えられていきます（図1）。

神経繊維の末端と次のニューロンの間には小さな隙間があり、電気信号はこの隙間を超えて情報を伝えることができません。この継ぎ目をシナプスといいます。神経線維の末端まで電気信号が届くと、シナプスに貯蔵されている神経伝達物質（体内で合成された化学物質）が放出され、次のニューロンにある受容体でキャッチされ、また電気信号として伝わっていきます（図2）。受容体に結合した神経伝達物質は、分解酵素によって分解されます。

主な神経伝達物質には、アセチルコリン、ドーパミン、ノルアドレナリン、セロトニンなどがあります。アセチルコリンの受容体であるニコチン性受容体は、大脳皮質や海馬、小脳などさまざまな領域で記憶や学習に関わり、胎児期から青年期にかけて脳が発達する時に、とくに重要な役割を果たします。

ところが最近、利用が増えているネオニコチノイド系の農薬は、昆虫のニコチン性受容体を標的にしており、有機リン系農薬は中枢神経でアセチルコリンの分解酵素の働きを妨げます。

「ヒトは昆虫と基本的に同じメカニズムの神経系を持っているので、未知のことが多いヒトの脳への毒性がどの程度避けられるのかが問題である」と、東京都神経科学総合研究所の木村‐黒田純子博士らは指摘しました。さらに、農薬にも予防原則を適用し、神経系を攪乱する殺虫剤の使用をできるだけ控えるよう提案しています。

神経細胞の働きを支える神経膠細胞（グリア細胞）の一つである星状膠細胞《せいじょうこうさいぼう》は、神経細胞と血管の間に位置し、栄養や代謝物のやり取りにかかわります。星状膠細胞は、血液脳関門（ＢＢＢ）といって、有害な化学物質や重金属が神経細胞に入らないようにバリアとして働いていますが、携帯電話などから発生する無線周波数帯の電磁波に被曝すると、ＢＢＢの働きが妨げられ、有害物質が侵入しやすくなります。

また、心臓の拍動や消化・吸収などを司る自律神経系も、環境中の電磁波によって影響を受けるという報告があります。

生殖や体温の維持、睡眠と覚醒などに関わる内分泌系では、化学的物質（ホルモン）によって機能を調節していますが、正常な分泌が電磁波や化学物質によって妨げられるといわれています。

屋内は「化学物質のスープ」

現代社会では、ほとんどの人が一日の九〇％を屋内で過ごすといわれています。しかし、家の中にもさまざまな化学物質が使われています。例えば、床下や土台では白蟻の駆除剤が、畳からは農薬の成分が揮発し、気体として屋内に存在しています（図３）。

このような気体を揮発性有機化合物（ＶＯＣ、Volatile Organic Compounds）といいます。消臭剤や芳香剤、柔軟剤などの香料もＶＯＣであり、室内空気を汚染します。

アメリカ建築科学研究所（ＮＩＢＳ）は二〇〇五年に発表した屋内空気環境に関する報告書の中で、

図3　家の中の化学物質発生源

壁紙や合板などの建材、家具からは接着剤や防腐剤が使われ、VOC 発生源になっている。

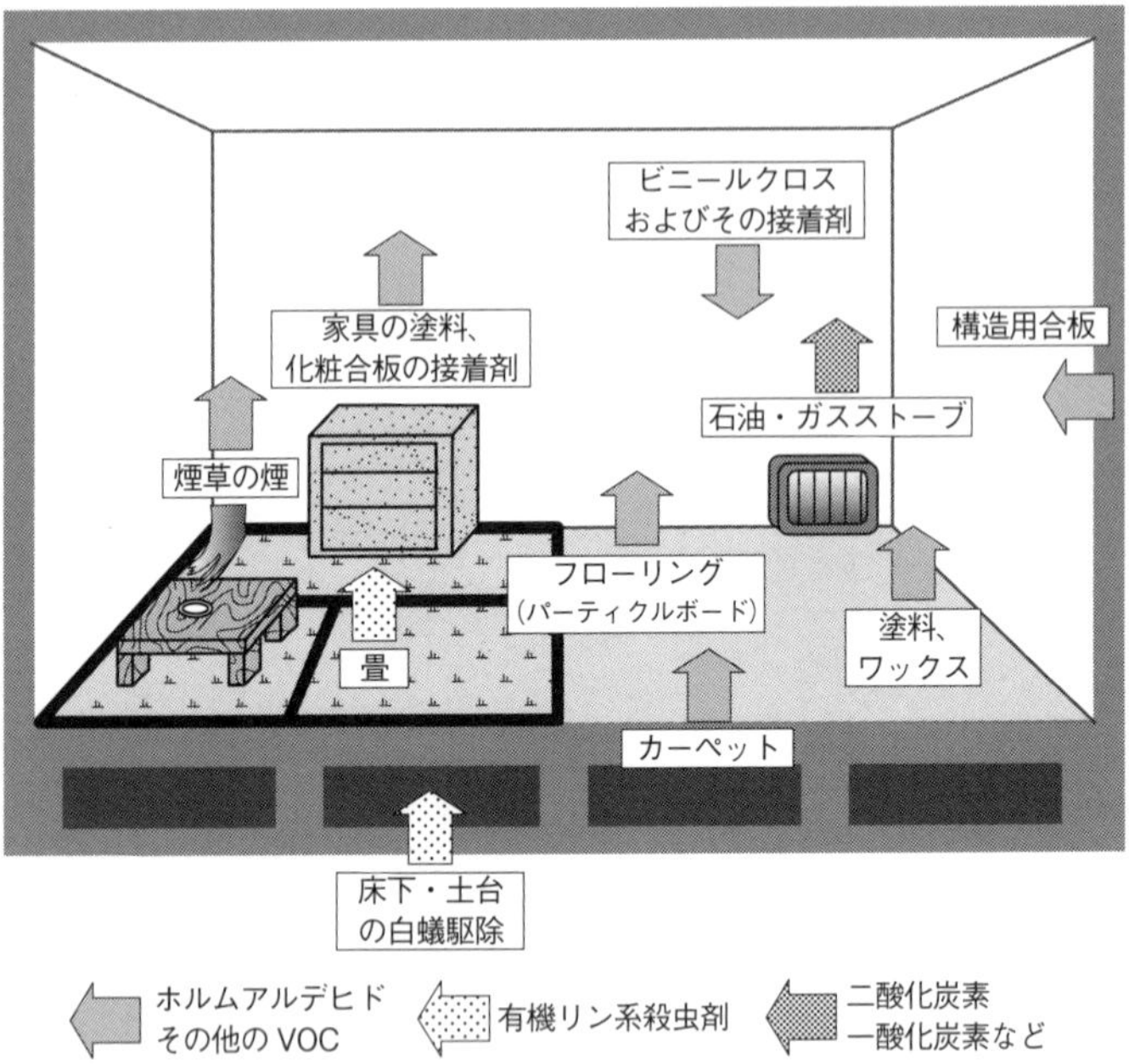

出典：日本臨床環境医学会編「シックハウス症候群マニュアル　日常診療のガイドブック」（東海大学出版会）

このような状況を「化学物質のスープ」と表現しています。

近年、日本でも問題になっている香料は約四〇〇〇種類の化学物質から数十種類を組み合わせて調合されていますが、その九五％は石油からつくられた合成化学物質です。ベンゼンやアルデヒド、トルエン、スチレン、リモネン、フタル酸エステル、アルコールなどを含み、発がん性や先天異常、生殖障害、中枢神経障害、アレルギー性反応を起こす物質も含まれている、とＮＩＢＳは指摘しています。これらの物質が喘息発作や偏頭痛、皮膚炎を起こすこともわかっています。

香料や洗剤、殺虫剤、建材などから発生する化学物質は、カーペットやカーテン、通気性・通水性のある内装材などに吸収され、長期間、屋内を汚染するだけでなく、異なる化学物質が反応してさらに危険な化学物質が発生する可能性があります。

そこで、海外の企業や自治体には、大勢の人が集まる場所を香料のない環境にするために「無香料ポリシー（方針、政策）」を掲げて、香水や香りのついた化粧品、洗剤、ポプリ、キャンドルなどの使用を制限・禁止しているところもあります（詳細は第２章）。

化学物質過敏症への影響

新築住宅や改装したばかりの建物などで、建材や家具、ワックスなどから揮発するＶＯＣによって目の刺激、喉の渇き、皮膚のかゆみや痛み、頭痛、咳、めまい、吐き気、倦怠感などの症状が起きる病気を「シックハウス症候群」といいます。一九八〇年代以降、新築の家や建物に入ったことが原因で発症する人が増え、社会問題になりました。また、ごく微量の化学物質に反応して同様の症状が起きる病気を「化学物質過敏症」といいます。

シックハウス症候群の場合は、発生源である建物から離れれば症状が改善しますが、化学物質過敏症になると排気ガスやタバコの煙、衣類用洗剤や、食器に残留した食器用洗剤、食品の残留農薬や食品添加物、水道水に含まれる塩素など、あらゆるものに反応していきます。例えば香料に曝されると、動悸や記憶障害、意識障害、疲労、神経系の問題、血管系の問題などが発生する可能性があります。反応する物質や症状の重さは発症者によって異なります。ある発症者にとっては頭痛を感じる程度の化学物質でも、別な発症者にとっては呼吸困難を起こすほどの重篤な症状の原因になることもあります。

化学物質過敏症が重症化するとうつ症状も現れますし、身の回りのありふれた化学物質に反応するため日常生活に支障をきたし、退学や退職に追い込まれる例も少なくありません。国内では一〇％程度の人が発症していると考えられています。

国立病院機構盛岡病院で化学物質過敏症・環境アレルギー外来を担当する水城まさみ医師が、通院患者四五人の発症原因を調べたところ、二五人（五五％）は建物環境の化学物質が原因でしたが、一五人（三三％）は建物以外の化学物質が原因でした。その内訳は、職場での化学物質（六人）、職場の受動喫煙（四人）、防蟻剤《ぼうぎざい》・農薬散布（二人）、ゴミ焼却場の煙（一人）、歯科治療（一人）、子どもの頃からの受動喫煙（一人）と多様で、さまざまな要因があることがわかります。

また、二〇一七年に東海大学で開催されたシンポジウムで水城医師は、「近年は柔軟剤、香りによって体調不良になる人が多い。香害が増え、電磁波が発症要因という方もおり、自分の家以外の環境要因が増加している」と報告しました。

電磁波過敏症の有病率

化学物質過敏症と併発率が高い病気に電磁波過敏症があります。周囲の人が使う携帯電話やスマートフォン、無線ＬＡＮ（Ｗｉ－Ｆｉ）、周囲にある携帯電話基地局、電子レンジから漏れるマイクロ波、送電線や家電製品から発生する電磁波などで、体調を崩す病気です。

有病率は国や調査方法、調査年によって異なりますが、ドイツやイギリス、スウェーデンなどでは人口の約九％、オーストリアでは一三・三％と、約一割が発症していると報告されています。

二〇一一年に発表された台湾の有病率は一三・三％でした。内訳は、「とくに重症」が一・三％、「重症」三・二％、「中程度」七・五％、「軽症」一・二％でした。

早稲田応用脳科学研究所招聘研究員の北條祥子博士は、二〇一六年に、電磁波過敏症の日本の有病率は三・〇～五・七％（約三八〇～七二四万人）で、電磁波過敏症発症者の八〇％はシックハウス症候群や化学物質過敏症も併発していると報告しました。

カナダ、トレント大学のマグダ・ハヴァス博士は、カナダ国内には電磁波によって深刻な影響を受けている人が三％、中程度の影響を受けている人が三五％いると推計しています。カナダの人口は約三三〇〇万人なので、深刻な影響を受けている人は約一〇〇万人、中程度の影響を受けている人は一二〇〇万人になる見込みです。

社会参加を阻む電磁波と化学物質

筆者は、スウェーデン、カロリンスカ研究所のオーレ・ヨハンソン博士とともに、日本国内の電磁波過敏症発症者の症状や社会的な不利益について、二〇一二年に論文を発表しました。

全国の発症者を対象に二〇〇九年にアンケート調査を行い、七五通の有効回答を得ました。発症者は頭痛や不眠、疲労・倦怠感、集中困難などさまざまな症状に苦しみ、電磁波過敏症発症者の七六%が化学物質過敏症も発症していました。

電磁波過敏症だと医師に診断された人は四五%、自己申告した人は四九%でしたが、自己申告した人に診断を受けていない理由を聞くと、「近くに病院がない(五一%)」、「過敏症(化学物質や電磁波に反応する)なので外出が困難(二二%)」、「病院に関する情報がない(一九%)」で、受診したくても出来ないことがわかりました。診断を受けた人に病院名を尋ねると、回答者は北海道から沖縄まで全国にいたのに、病院は一一件しかありませんでした。

公共交通機関で他の乗客が使う携帯電話で体調を崩したことがある人は六五%、症状が重く交通機関を全く利用出来ない人が一二%いました。そのため外出を控える人は四六%、徒歩や自転車を利用する人が三七%いました。

電磁波を避けるために、照明器具を蛍光灯から白熱灯に買い換えたり、住宅に電磁波対策工事をするなど、八五%が電磁波対策をし、多額の経済的な負担が発生していましたが、発症前まで働いていた人の五〇%が退職を余儀なくされ、一五%が労働時間を短くしていました。

電磁波過敏症や化学物質過敏症になると、身の回りの電磁波や化学物質に反応し、働けなくなったり、外出できなくなるほど、日常生活に著しい支障が出ていることがわかります。

また、ガンや怪我などで手術が必要になった電磁波過敏症発症者の中には、医師と相談してレントゲンやMRI検査を避けたり、病院内の無線LANに反応して体調が悪化するので予定よりも早く退院するなど、医療の場でも問題が起きています。

増え続ける電磁波汚染

私たちの生活では様々な周波数帯の電磁波が利用されています。最初に登場した人工的な電磁波は極低周波電磁波（東日本では周波数五〇Hz、西日本では六〇Hz）で、照明をつけるために約百年前に取り入れられました。極低周波電磁波は、照明だけでなく冷蔵庫やエアコン、テレビなどの家電を動かすために、利用されています。

この三〇年で急速に増加したのが、携帯電話やスマートフォン、無線LAN（Wi-Fi）、Bluetooth（ブルートゥース。近距離無線通信の規格の一つ。ワイヤレスイヤホンなどに利用されている）に使われる無線周波数帯の電磁波です（図4）。無線周波数帯は、以前はテレビやラジオ、レーダーなどに使われていましたが、無線通信機器の普及に伴って、この周波数帯の電磁波が生活環境に溢れています。

可視光線より周波数が低いグループを非電離放射線といい、電子を分離させるほどの強いエネルギーはないので、紫外線以降の周波数の高い電離放射線と違って健康への影響は少ないとかつては考えられていました。しかし、最近の研究では、非電離放射線もがんを起こす可能性があることがわかってきました。

地球の生物は紫外線に対応するため、進化の過程の中で色素のある皮膚を発達させてきましたが、「人間が過去百年で発見した電磁波に対して、色素では全く防護できない」と、スウェーデン、カロリンスカ研究所のオーレ・ヨハンソン博士は述べています。この百年で急増した電磁波や化学物質は、私たちが進化の過程で経験してこなかった環境因子なのです。
ヨハンソン博士は「百年以内に電磁波被曝状況を変えるために、私たちが生理機能を変えることができるのだろうか？　それとも、そのような適応をするために、数千年待たなければならないのだろうか？」と問いかけ、被害を防止するための予防的対策の必要性を訴えています。

電磁波で起きる主な症状

二〇〇〇年代に入ると、携帯電話基地局周辺で起きる体調不良が世界中で報告されるようになります。主な症状は頭痛や不眠、動機、めまいなどの自律神経系の症状で、女性は男性よりも多く症状を訴える傾向がありました（『本当は怖い電磁波の話　身を守るにはどうする』金曜日、『電磁波による健康被害』緑風出版などでも詳述）。

身の回りの家電製品や通信機器から発生する電磁波で、携帯電話基地局の周辺で見られるような症状を訴える「電磁波過敏症（ＥＨＳ）」の人も増えていきました。主な症状は、皮膚症状（発赤、チクチクする、日焼けのような感覚）、神経衰弱や自律神経系の症状（頭痛、睡眠障害、疲労感、倦怠感、集中困難、めまい、吐き気、動悸、消化器障害）など様々で、人によって症状の数や重さが違います。

二〇〇四年にＷＨＯ（世界保健機関）は電磁波過敏症に関する国際ワークショップを開催し、皮膚症状、神経衰弱や自律的症状といった多様な症状があることを報告しました。発症者の中には、「非常に深刻な影響を受け、仕事を辞めたり、生活全般を変える人もいる一方、軽い症状を報告し、できるだけ電磁波を避けることで対応する人もいる」と、症状の多様性を示しています。

ところが翌〇五年にＷＨＯの国際電磁界プロジェクトが発表した「ファクトシート№２９６」では、もっとも一般的な症状である「睡眠障害」と「頭痛」が記載されず、症状と電磁波被曝との関連性を否定する、大きく後退した内容になっています。

総務省などは、このファクトシートを拠り所に、電磁波過敏症と電磁波被曝の関連性を否定する

図4　電磁波の種類と用途

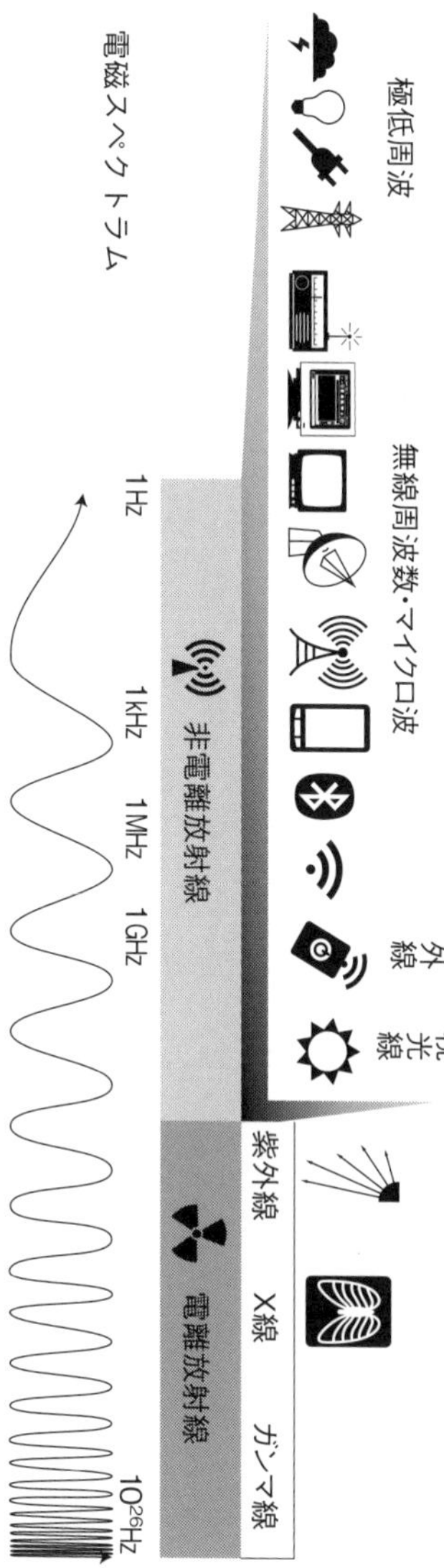

図の左に行くほど周波数が低く波長は長くなる。右に行くほど周波数が高くなって波長が短くなり、エネルギーも強くなる。Hz（ヘルツ）とは周波数を示す単位で50 Hzなら1秒間に50回、1 GHz（1億Hz）なら1秒間に1億回振幅することを示す。

出典：Martin Blank "Over-Powered"（2013）より

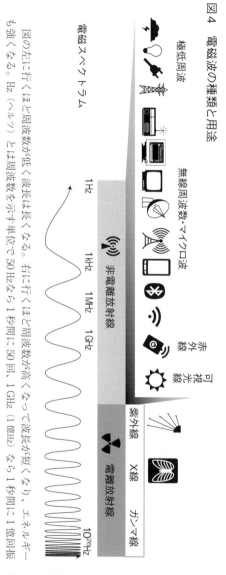

姿勢を示してきました。日本各地で携帯電話基地局の撤去や移転を求める裁判でも、このWHOの見解などが証拠として提出され、住民が敗訴しています（ただし海外では、住民の訴えが認められ、基地局が撤去されたケースもあります）。

WHOの国際電磁界プロジェクトが、被曝削減ではなく心理学的な側面へのケアを行うよう示しているため、フィンランドでは公的な治療方針として精神療法（カウンセリングなど、心理的側面から精神疾患を治療する方法）が推奨されています。

しかし、同国のトゥルク大学のマルユッカ・ハグストローム博士らが、発症者が有効だと感じた方法を調べると、食事療法は六九・四％、栄養サプリメントは六七・八％と高評価だったのに対し、精神療法の効果は二・六％、投薬はマイナス四・二％ときわめて低くなりました。

ハグストローム博士らは、「公的に推奨される精神療法は有効ではなかった」、「電磁波や電磁場の回避は、発症者の症状の除去や減少に有効だった」と結論づけています。

実際に患者を診療するためにつくられたオーストリア医師会のガイドラインでも、電磁波過敏症を診断する際に役立つ検査項目や、患者がどのような電磁波発生源（携帯電話や無線LAN、デジタル式コードレス電話など）にどのくらい被曝しているのかを確認するための問診票をつくり、症状を改善するために電磁波を避けるようアドバイスすることや、専門家に電磁波測定を依頼する際の注意なども記載されています。

「治療の第一歩は、電磁波被曝の削減や防止で、可能なら、あらゆる電磁波の発生源を取り除くか減らすこと」であり、数多くの症例でそのような対策の有効性が立証されてきた、と述べています。

フランス、パリ大学病院のドミニク・ベルポム博士らは、電磁波過敏症や化学物質過敏症を発症した七二七人を対象に調査を行い、電磁波と化学物質への曝露で大脳の血流低下や炎症反応が起きることを報告し、どちらの過敏症も身体的な病気であると報告しました。

それでも「電磁波過敏症はノセボ（悪影響があるという思い込み）ではないか」と指摘する研究者もいますが、ベルギー王立医学アカデミーで二〇一五年に開催された「第五回パリ・アピール決議」では、「客観的生物学的指標が動物実験だけでなく、患者でも検出され」ており、ノセボ効果説は、「不適切で、論理的に妥当な説明ではない」と批判されました。

この決議では、「電磁波過敏症や化学物質過敏症（香料や殺虫剤、農薬、タバコの煙、ワックス、排気ガスなど様々な化学物質で体調を崩す病気）は、発展途上国だけでなく先進国にも影響を与える、世界的な健康問題」と位置づけ、「何も行動しないことは社会に対するコストになる」ので、「予防原則に則った規制対策が特に子どもたちと傷つきやすい人々のために適用されること」を求めています。

発達障害が増える原因とは

家電製品や送電線などから発生する極低周波電磁波や、携帯電話や無線ＬＡＮなどから発生する無線周波数電磁波によって、ＤＮＡ損傷や免疫系の異常、酸化ストレス、ホルモンの異常、概日（サーカディアン）リズムの乱れ、認識に関する異常、睡眠障害、自律神経系の異常、脳波活性の低下などが起きることが確認されています。これらの異常は、自閉症などの発達障害の発症者でも確認されており、類似性があります。

海外では、自閉症と電磁波の関連性は以前から指摘されてきました。重度の自閉症の子どもに、電磁波のない環境で重金属を排出する処置をしたら、重金属排出量が有意に増え、症状が大幅に改善された例もあります。

デンマークの妊婦を対象にした調査では、妊娠中、出産後の生活習慣などを質問し、七年後に子どもの状況を調べました。すると、妊娠中も出産後も携帯電話を使っていた母親の子どもは発達障害になるリスクが一・五倍高くなりました。

ハーバード大学医学校のマーサ・ヘルベルト博士らは、電磁波被曝が自閉症に影響を与えている可能性を指摘しました。

自閉症の症状はコミュニケーションや行動の問題として定義されていますが、体の中では電磁波被曝で起きる生理学的な反応と極めてよく似た、酸化ストレスやフリーラジカルによる損傷、抗酸化物質の不足、脳の酸化ストレスや炎症などの影響が発生すると考えられています。

例えば、妊娠中の母体が電磁波に被曝すると、活発に成長を続けている胎児の脳細胞では、脳の発達が影響を受け、生理学的な機能不全が発生し、発達障害のリスクを増やすことにつながるかもしれない、といいます。

そこで、ヘルベルト博士らは、現在の科学的な証拠を考えると、環境から電磁波を削減・除去することは理にかなった予防的行動だとして、下記のような対策を提言しています。

・認識や学習、注意、記憶または行動的な問題を含む神経学的な問題のある子どもたちに、有線の学習、生活、睡眠環境をできるだけ多く提供する。

・特別支援教室は、社会的、教育的、行動的向上を妨害する、回避可能なストレス因子を減らすために「無線のない」環境を目指す。
・無線環境を避けたいすべての子どもたちに、有線教室を提供する。
・すべての子どもたちは、電磁波の生理学的なストレス因子から合理的に守られるべきだ。

また「高価で有害な可能性があり、後で置き換えることになるかもしれない無線機器よりも、有線インターネットや有線教室、有線学習端末を選択することが正しいと証明する科学的証拠が十分にある」として、有線インターネットの環境を推奨しています。

木村－黒田純子博士らは、自閉症やＡＤＨＤ（注意欠陥多動障害）などの発達障害が増えているのは、遺伝ではなく、環境に原因がある可能性を指摘しています。

脳の神経細胞が活発に発達する胎児・小児期に、農薬や環境ホルモンなどの化学物質に曝されると、ホルモンや免疫が乱されたり、ＤＮＡの突然変異が起きるなどして、神経回路に異常が起きて発達障害になると考えられているそうです。

化学物質や電磁波などの環境因子から子どもたちを守り、その子が本来持っている能力や個性を生かせるように、環境を見直す必要があります。

参考文献

馬場元毅「絵で見る脳と神経　しくみと障害のメカニズム」医学書院（二〇〇三）第二刷：一八～一九頁
堺　章「目で見るからだのメカニズム」医学書院（二〇〇四）第六刷：一三八～一四九頁

木村 - 黒田純子ら、ファルマシア（二〇一〇）四六（七）：六五四～六五八
National institute of Building Sciences. “IEQ Indoor Environmental Quality”（2005）
水城まさみ、ＩＲＹＯ（二〇一五）六九（三）一一七～一二六
北條祥子、臨床環境医学（二〇一六）二五（二）九四～一一二
“Electormagnetic Hypersensitibity” proceedings International Workshop on EMF Hypersensitivity,” Prague, Czech Republic, October 25-27, 2004
WHO, Fact Sheet No.296（2005）
Belpomme et al.Rev Environ Health（2015）;30（4）:251-271
Levallois et al, Environ Health Perspect.（2002）;110（4）:619-23
Tseng et al,Journal of Formosan Medicl Association（2011）;110, 634-641
Kato & Johansson, Pathopysiology,2012：19［2］95-100
Hagström et al , Pathophysiology,2013：20［2］117-22
Johansson, Bioinitiattive report 2007, Section8
第五回パリ・アピール（http://appel-de-paris.com/）
Herbert & Sage, Pathophysiology　（2013）20:191-209,211-234
木村 - 黒田純子と黒田洋一郎、臨床環境医学（二〇一四）

第2章　香料・化学物質のリスクと規制

香料に使われる化学物質の中には目や呼吸器を刺激したり、中枢神経に影響を与えたり、発がん性が指摘されているものもあり、ＥＵは香料の規制に乗り出しています。洗剤や化粧品、消臭剤などに含まれる香料を分析した研究では二五製品から合計一三〇種類以上の香料成分（化学物質）が検出されました。

香料として使われている化学物質は、私たちの体にどんな影響を与えているのでしょうか。

1　室内濃度指針の対象物質はごくわずか

厚生労働省は二〇〇二年までに一三種類の化学物質について、室内濃度指針値を策定しています（表1）。二〇一七年には、新たに三物質の追加と、四物質の指針値引き下げを検討中です。

教育委員会や学校は、これらの物質を測定して「指針値以下なら問題ない」という対応を取りがちですが、この数値は現在健康な人が将来発症しないよう予防するための指針であって、すでに発症した人を守るために作られているわけではありません。また、指針値であげられた物質は、健康に有害な影響を与える物質のごく一部にすぎません。

たとえば、厚生労働省の報告書によると、化学物質による労働災害は年間二〇〇〜三〇〇件発生しています。労働環境の化学物質は、有機溶剤中毒予防規則、特定化学物質障害予防規則などで規制されていますが、労働災害の約二五％は未規制の化学物質によって起きています。安全データシート（ＭＳＤＳ。化学物質の危険性、取扱い方法、応急処置などを記した文書）交付義務の対象となる六四〇物

表1　厚生労働省の室内濃度指針値（＊印は改定案）

化学物質	指針値（μg／㎥）
ホルムアルデヒド	100
トルエン	260
キシレン＊	870→200
パラジクロロベンゼン	240
エチルベンゼン＊	3800→58
スチレン	220
クロルピリホス	1（小児0.1）
フタル酸ジ-n-ブチル＊	220→17
テトラデカン	330
フタル酸ジ-n-エチルヘキシル＊	120→100
ダイアジノン	0.29
アセトアルデヒド	48
フェノブカルブ	33
2-エチル-1ヘキサノール＊	130
テキサノール＊	240
2,2,4-トリメチル-1,3-ペンタンジオールジイソブチレート（TXIB）＊	100
総揮発性有機化合物	400

参考：厚生労働省第21回シックハウス（室内空気汚染）問題に関する検討会

質以外にも「危険有害性を有することが明らかにされたものは数多く存在する」と示されています。

　新しい化学物質が次々に作られ、アメリカ化学会（ACS）には約一億三八〇〇万種の化学物質が登録され、国際香粧品《こうしょうひん》香料協会（IFRA）に登録された香料だけでも約四〇〇〇種以上あるのです。その中で有害な化学物質が何なのか判明し、どのような規制をすべきか決めるまでには膨大な時間がかかる上に、新しい物質は次々に作られていきます。

　室内濃度指針値で提示された一三物質だけを調べていれば健康を守れるわけではありません。この指針値では、暫定目標としてVOCの総量（TVOC）を四〇〇μg／㎥とすることを示していますが、むしろこの暫定目標を重視し、総量規制をしていく必要があるでしょう。

例えば、柔軟剤の香料で体調が悪いと訴える子どもがいる場合、「気のせいだ」と決めつける前に、実際にTVOCを測って、放課後などの子どもがいない状態の数値と比較してみてはどうでしょう。

国民生活センターが、微香性の柔軟仕上げ剤と香りの強い柔軟剤、柔軟剤を使わないで洗濯して室内干しした場合の室内TVOCを測定したところ、柔軟剤を使わない場合と微香性ではTVOCが約二〇μg／㎥上昇したのに対し、香りの強い柔軟剤では約七〇～一四〇μg／㎥も増えています。

厚生労働省が指定した物質は氷山の一角にすぎません。これ以外にも有害な影響を与える化学物質があることを念頭に置きながら、できるだけ安全な環境を作るためにどうしたらいいのかを検討するべきでしょう。

2　化学物質の毒性を示すGHS表示

化学物質の危険性や有害性を、世界共通の基準で分類・表示し、健康リスクや注意事項などを知らせるために、「化学品の分類および表示に関する世界調和システム（GHS、The Globally Harmonized System of Classification and Labeling of Chemicals）」が国連勧告として二〇〇三年に採択されました。

九種類のイラスト（表2、表3）を使って、どのようなタイプの危険有害性があるのか、一目でわかるようにし（「GHS絵表示」と呼ぶ）、消費者、労働者、輸送担当者、緊急対応職員などすべての人

表2　健康と環境に関する有害性（GHS絵表示）

絵表示					
概要	急性毒性、皮膚刺激性、眼に対する重篤な損傷・眼刺激性、気道刺激性、麻酔作用の健康有害性があるもの。	急性毒性あり。飲んだり、触ったり、吸い込んだりすると、急性的な健康障害が起き、死に至る場合がある。	金属腐食性物質、皮膚腐食性、眼に対する重篤な損傷性がある。	呼吸器感作性、生殖細胞変異原性、発がん性、生殖毒性、特定標的臓器・全身毒性、吸引性呼吸器有害性がある。	水生環境有害性あり。環境中に放出されると、水生生物や生態系に悪影響を及ぼす恐れがある。

表3　物理化学的危険性

絵表示				
概要	火薬類、自己反応性化学物質、有機過酸化物	可燃性、引火性ガス、引火性液体など	支燃性、酸化性ガス、酸化性液体・固体	高圧ガス

にリスク情報を提供するよう求めています。子どもから高齢者まであらゆる年代の人に、そしてどんな言語の人でもわかるよう、世界共通の絵表示が作られたのです。

日本でGHSを使わないおかしな理由

これらの絵表示を商品のラベルや安全データシート（SDS）に反映し、健康や環境の保護に役立てることが本来の目標です。

このような絵表示があれば、商品を買う際に健康影響や水棲生物への毒性がないものを購入することもできますから、消費者にとっては大切な情報になると期待されていました。

しかし日本では、消費者向けの製品にはGHS表示が付いていません。日本では、製品ラベルに表示が義務付けられた化学物質は一〇四物質、SDSの対象になる化学物質が六四〇物質あり、事業者間で譲渡する際はSDS提供を義務づけ、ラベル表示を努力義務としています。国連勧告が採択された後も、消費者への情報提供は行われていません。欧州連合（EU）やアメリカでは全ての化学物質が対象になっているのに、残念なことです。

日本ではなぜGHSに基づく表示が行われないのでしょうか。国連GHS専門会委員会日本代表は経済産業省のホームページで、海外に向けて次のように説明しています。

まず、化学物質の有害性・危険性に関する情報共有はヨーロッパや北米では数十年前から行われていてGHSの根幹になっているのに対し、日本ではこのようなシステムが存在しないことを挙げています。それは、危険性・有害性情報のない製品は安全だと考えられていること、そして日本にはG

表4　EU、アメリカ、日本のGHS実施状況

地域・国	適用される化学物質	免除される危険性・有害性	適用場所
EU（欧州連合）	全物質	なし	すべての場所
アメリカ	全物質	一般環境	労働環境
日本	ラベル表示104物質、SDS 640物質	一般環境	労働環境

参考：国連GHS専門家委員会日本代表、城内博”Issues on the GHS implementation in Japan”（経済産業省ホームページ）

HSを実行するための法律がないからだ、といいます

「GHS表示は日本人にとって難しいので、良い教育システムが必要とされる」、「日本では、規制に従うために最善を尽くす努力義務があるが、海外の企業がそれを理解するのは困難だろう」という、それこそ理解しがたい説明をしていて、あきれるばかりです。

経済産業省のパンフレット「GHS対応　化管法・安衛法におけるラベル表示・SDS提供制度」を見ると、GHS情報の対象者は「化学品を取り扱うすべての人たちです」と述べ、工場等の労働者や輸送関係者、消費者のイラストが描かれています。

ところが、同じパンフレットの後半では、含有量が一％未満のもの（特定第1種指定化学物質の場合〇・一％）や、化粧品、洗剤、農薬・殺虫剤など一般消費者向けの製品は対象外になると記載されています。

しかし、二〇〇二年に開催された、「持続可能な開発に関する世界サミット（WSSD）」では、二〇二〇年までに化学物質の健康影響、環境影響を最小にする方法で使用、生産するという目標を掲げ、二〇〇五年までに「国際化学物質管理への戦略的アプローチ（SAICM）」を進めることになっています。

そしてSAICMでは、市場にある、あらゆる有害性物質について、

ＧＨＳを視野に入れた、わかりやすくて入手しやすいＳＤＳを提供する仕組みを二〇〇八年までに作るべきだ、としています。日本でもリスク情報の共有システムが必要ですし、ＧＨＳを実行するための法律がないというなら、作ればいいのです。

今のところ、商品に使われている化学物質の危険性・有害性を知るには、商品ラベルやＳＤＳを確認するしかありません。ＳＤＳはホームページ等でも閲覧できますが、メーカーに連絡して取り寄せることもできます。

ラベルやＳＤＳに記載された化学物質の影響を知りたい場合は、厚生労働省の「職場の安全サイト」(http://anzeninfo.mhlw.go.jp/) などで、化学物質名またはＣＡＳ番号（化学物質ごとに割り当てられた識別番号）で検索すると、その物質の用途や、健康や環境への影響が、ＧＨＳ絵表示とともに説明されています。

参考文献
柳沢幸雄・臨床環境（二〇〇九）一八（二）：四七〜四九
厚生労働省「職場における化学物質管理の今後のあり方に関する検討会報告書」（二〇一〇）

３　アレルギーを起こす香料を規制するＥＵ

香料の九五％は石油由来の合成化学物質ですが、植物などから抽出した天然香料もあります。通常、一〇〜三〇〇種の香料を組み合わせて特有の香りを作り出し、香水や化粧品、洗剤、衣類用柔軟剤、家庭用品、食品など、さまざまな用途で利用されています。

化粧品の香料でアレルギーが起きることは一九七〇年代から報告され、皮膚についた香料でおきるアレルギー性皮膚炎も問題になっていました。香料に対する皮膚アレルギーがあるかどうかを診断する際は、合成香料七種と天然香料一種を混ぜた検査薬「香料ミックス」を皮膚の一部に塗って、皮膚の反応を調べる検査（パッチテスト）を行います。このような検査方法が確立しているように、一定の香料がアレルギーを起こすことは以前から知られていました。

ヨーロッパの湿疹患者の約一六％は香料に敏感で、健康な人でも一〜三％は香料へのアレルギーがあると推計されています。また、香料成分は喘息発作や頭痛、めまい、倦怠感などの中枢神経系の症状を起こすことも指摘されています。

これらの症状を改善するには、アレルギーや症状、発作の原因になる香料を避けることが鉄則です。また発症を予防するためには、有害な香料を避けなくてはいけません。そのためには、どの製品に害のある物質が含まれているのか、消費者に情報を伝える必要があります。

EUはアレルギーを起こす香料を調査

欧州連合（EU）では一九七六年の化粧品指令によって、香料成分やその材料になる物質は、単に「パフューム」または「フレーバー」として表記することになっていました。どちらも香料や香りを意味する言葉です。また、香料に関わる企業の業界団体「国際香粧品香料協会（IFRA）」も自主基準を設け、香料の禁止や規制を行ってきました。

ＥＵには、業界団体から独立した立場の科学者が化粧品などの安全性を評価する「化粧品および非食品に関する科学委員会（ＳＣＣＮＦＰ）」という組織があります。香料に関する規制をＥＵで導入するにあたって、ＩＦＲＡの自主規制が妥当かどうかを検証するため、香料で起きる皮膚アレルギーについて科学的な文献を精査し、アレルギーを起こすと認められた香料を確認する作業を行いました。

その結果をまとめた報告書「消費者の香料アレルギー」を一九九九年に発表し、二四種類の化学物質がアレルギーを起こすことを認めました。翌二〇〇〇年には、樹木の樹皮につく地衣類から抽出したオークモスとツリーモスという天然香料二種が皮膚にアレルギーを起こすと発表しています。

表5は、ＳＣＣＮＦＰが皮膚アレルギーを起こすと認めた化学物質（一三種）、表6は報告頻度が少なく知見が十分ではないけれどリスクがあるとみなされた一一種で、表7は天然香料二種です。

ＧＨＳ表示を調べてみると、表5～表6で示された物質のほとんどで、健康や環境への有害性、急性毒性が報告されていました。

なお、表中のＣＡＳ番号とは、アメリカ化学会が、化学物質ごとに割り当てた番号のことで、同会には、これまでに、一億三八〇〇万種類の化学物質が登録されています（二〇一八年三月二日現在）。

表7のオークモスやツリーモスは、地衣類から有機溶剤を使って香料成分を抽出していますが、天然香料は産地などによって毒性や過敏性を起こす物質にばらつきがでる可能性があります。ＳＣＣＮＦＰは、天然香料は品質管理が難しく、「天然の香料成分が、合成された香料よりも安全だとは立証されていない」と指摘しています。

表5　最も頻繁に報告され、アレルギーを起こすことが十分に認められた香料

一般名	CAS番号	備考	GHS絵表示
アミルケイ皮アルデヒド	122-40-7	ジャスミンの香りの香料成分。香料ミックスの成分	
アルミシンナミルアルコール	101-85-9	ヒヤシンスの香りの香料成分、香水等に使われる	
ベンジルアルコール	100-51-6	医薬・化粧品防腐剤、食品添加物（香料）、溶剤など	
サリチル酸ベンジル	118-58-1	皮膚刺激、アレルギー性皮膚炎を起こす恐れ、強い眼刺激	
シンナミルアルコール	104-54-1	皮膚刺激。強い眼刺激。香料ミックスの成分	
シンナムアルデヒド	104-55-2	シナモンの香り。皮膚刺激性。香料ミックスの成分	
シトラール	5392-40-5	レモンの香り、皮膚刺激性、生殖に悪影響の恐れ	
クマリン	91-64-5	石けん、タバコ、ゴム製品の消臭、匂いの増強剤	
オイゲノール	97-53-0	芳香剤や香味剤。香料ミックスの成分	
ゲラニオール	106-24-1	バラの香りの香料成分。香料ミックスの成分	
ヒドロキシシトロネラール	107-75-5	スズラン、ユリなどの香料成分。香料ミックスの成分	
ヒドロキシメチルベンチル-シトロヘキセンカルボルアルデヒド	31906-04-4	石けん、香水、制汗剤などの香料成分	
イソオイゲノール	97-54-1	アレルギー性皮膚炎を起こすおそれ。香料ミックスの成分	

（出典：SCCNEP “Fragrances allergy in consumers, draft opinion”1999）
厚生労働省の職場のあんぜんサイト（http://anzeninfo.mhlw.go.jp/）などで製品の特徴や健康影響、ＧＨＳ絵表示（環境と健康に関する有害性のみ）を記載。

表6　報告頻度やアレルゲンとしての立証が少ない香料

一般名	CAS番号	備考	GHS絵表示
アニシルアルコール	105-13-5	ライラックの香りの香料成分	
ベンジル＝ベンゾアート	120-51-4	飲み込むと有害、水生生物に毒性	
ケイヒ酸ベンジル	103-41-3	アレルギー皮膚炎を起こすおそれ	
シトロネロール	106-22-9	急性毒性あり、皮膚刺激。バラの香り	
ファルネソール	4602-84-0	急性毒性あり、皮膚刺激、強い目刺激	
2-ベンジリデンオクタナール	101-86-0	ジャスミンなど花の香りの調合。皮膚刺激	
リリアール	80-54-6	皮膚刺激、めまい、精巣の障害のおそれ	
d-リモネン	5989-27-5	皮膚刺激、アレルギー性皮膚炎を起こす恐れ	
リナロール	78-70-6	強い眼刺激、アレルギー性皮膚炎を起こすおそれ、生殖への悪影響のおそれ	
2-オクチン酸メチル	111-12-6	飲み込むと有害、皮膚刺激性、呼吸器への刺激のおそれ	
α -iso-メチルイオノン	127-51-5	アレルギー性皮膚反応を起こすおそれ	

（出典：SCCNEP “Fragrances allergy in consumers, draft opinion”1999）

厚生労働省の職場のあんぜんサイト（http://anzeninfo.mhlw.go.jp/）などで製品の特徴や健康影響、GHS絵表示（環境と健康に関する有害性のみ）を記載。

表7　天然香料

一般名	CAS番号	備考	GHS絵表示
オークモス（ツノマゴゲケ）	90028-68-5	オークの樹皮に着く、ツノマゴタケから抽出。香料ミックスの成分の一つ	
ツリーモス	90028-67-4	マツの樹皮に着く地衣類から抽出	

（出典：SCCNEP ”Essential oils”（2003）

二〇〇三年に欧州評議会と理事会は、消費者へ情報を伝えるために、これら二六物質（表5～表7）が含まれる製品は物質名をラベルに表示するよう指令を出しました。

安全レベルの決定と禁止香料の発表

ＥＵの消費者安全科学委員会（ＳＣＣＳ：ＳＣＣＮＦＰの後継組織）は、「化粧品の香料に関する見解」を二〇一一年に発表し、一九九九年以降に登場した香料の健康影響や、安全を確保するための濃度規制について報告しました。アレルギーを起こす香料を特定するために、病院での治療や疫学調査、動物実験でアレルギーを起こすことがわかっている香料を分類しました。

病院での治療データに基づき、香料八二種（合成香料五四種、天然香料二八種）は、人間の皮膚にアレルギー性皮膚炎を起こすと認められました。この中には以前リスクが認められた二六物質も含まれています。

特に健康リスクが懸念された物質は下記の二〇種でした。

合成化学物質（一二種）：アミルケイ皮アルデヒド、アミルシンナミルアルコール、シトラール、クマリン、オイゲノール、ファルネソール、ゲラニオール、ヒドロキシシトロネラール、ヒドロキシイソヘキシル3‐シクロヘキセンカルボキサルデヒド（ＨＩＣＣ）、イソオイゲノール、リモネン、リナロール

天然抽出物（八種）：イランイラン、クローブの葉と花のオイル、サルオガセ科エヴェルニア属フルフランケアと同属プルナストリ、ジャスミンオフィシナール、ペルーバルサムノキ、白檀、テレ

ピン油

とくに悪影響が確認されたのはＨＩＣＣで、皮膚アレルギーの報告が一五〇〇件以上ありました。天然香料のアトラノール（オークモス抽出物）と、クロロアトラノール（ツリーモス抽出物）は非常に強力なアレルゲン（アレルギーを起こす物質）だと判断されたので、これら三物質は、二〇一九年八月からＥＵの市場に置くことができなくなります。

動物実験で二四種の香料（合成香料二二種、天然香料二種）は、ヒトに対する研究が不足しているものの、実験ではアレルギーを起こすと認められています。

製品に含まれた香料を分析すると、特定の香料が多くの製品に利用されていることもわかりました。デンマークの研究では、五九種類の家庭用品のうち七八％でリモネンが、六一％でリナロールが、四七％でシトロネロールが検出されました。イギリスの調査では、三〇〇製品のうち、リモネンとリナロールが六三％ずつ検出されました。

香料の使い道としては、化粧品や洗剤、柔軟剤以外にも、香り付きのキャンドルや、悪臭を抑えるための靴の中敷、子どものおもちゃにもつかわれていることがわかりました。「子どもたちは、親のせいで香料に敏感になっているかもしれない」とＳＣＣＳは警告しました。

また、ＳＣＣＳは、皮膚アレルギーから消費者を守る基準として、香料の量を製品の〇・〇一％以下にすることも提示しています。

日本でも香料のリスクを中立した機関が調査し、消費者にリスクを知らせる必要があります。

参考文献
ＩＦＲＡホームページ（http://www.ifraorg.org/en-us/ingredients#.WrsPX8guCfQ）＊香料としてＩＦＲＡに登録された化学物質のリストが掲載されている。
SCCNEP "Fragrances allergy in consumers, draft opinion"（1999）
SCCNEP "Essential oils"（2003）
SCCS "Opinion on fragrance allergens in cosmetic products"（2011）
Official journal of the European Union, Commission regulation（EU）2017/1410

4　柔軟剤：二五製品から一三三種類の香料成分

柔軟剤や合成洗剤の香料が原因で教室に入れなかったり、体調不良を訴える子どもが全国におり、柔軟剤や合成洗剤にふくまれている香料（化学物質）が原因として考えられます。

アメリカ、ワシントン大学のアン・スティンマン博士らは、衣類用合成洗剤や柔軟剤、消臭剤、シャンプー、ベビーシャンプー、食器用洗剤など、年間売り上げで上位五位に入る二五商品の揮発性有機化合物を分析しました。

ガスクロマトグラフィという分析機にかけて調べると、二五製品から合計一三三種類の揮発性有機化合物（ＶＯＣ）が検出されました。平均すると一製品あたり一七種類が使われていたことになります。

ホルムアルデヒド	50-00-0	発がんの恐れ、呼吸器・神経系の障害	
ノルマル-ヘキサン	110-54-3	長期・反復暴露で神経系の障害、皮膚や目の刺激	
エチル-セカンダリ-ペンチルケトン	541-85-5	呼吸器や目への刺激、眠気やめまいのおそれ	
イソブチレン	115-11-7	引火性の高いガス	
ベンズアルデヒド	100-52-7	アレルギー性皮膚反応や神経系障害のおそれ	
ブチルアルデヒド	123-72-8	強い眼刺激、呼吸器の障害	
クロロメタン	74-87-3	神経系、心臓血管系、肝臓、腎臓の障害	
クメン	98-82-8	発がんのおそれ、臓器の障害（中枢神経系、心臓系、腎臓）、呼吸器への刺激のおそれ	
ジクロロメタン	75-09-2	発がん性の恐れの疑い、中枢神経系・呼吸器系の障害	

（出典：A Steinemann et al, (2010)；31（3）：328-333）
厚生労働省の職場のあんぜんサイト（http://anzeninfo.mhlw.go.jp/）などで製品の特徴や健康影響、ＧＨＳ絵表示（環境と健康に関する有害性のみ）を記載。

表8　25製品から検出されたVOCのうち、アメリカの法律で毒性・有害性が認められたもの

化学物質	CAS番号	有害性	GHS絵表示
アルファアピネン	80-56-8	皮膚刺激、長期・反復曝露で呼吸器・神経系障害、水生生物に強い毒性	
エタノール	64-17-5	発がんのおそれ、目刺激、めまい、生殖障害のおそれ	
アセトン	67-64-1	目刺激、眠気、生殖機能または胎児への悪影響のおそれ	
アセトアルデヒド	75-07-0	発がんのおそれ、中枢神経系、呼吸器の障害	
樟脳（カンファー）	76-22-2	目刺激、中枢神経系の障害	
酢酸エチル	141-78-6	目刺激、呼吸器への刺激、眠気、めまいの恐れ	
酢酸イソペンチル	123-92-2	皮膚や目の刺激、眠気、めまいのおそれ	
2-ブタノン	78-93-3	皮膚や目の刺激、中枢神経系の障害	
メタノール	67-56-1	視覚器、全身毒性、中枢神経系の障害	
tert-ブタノール	75-65-0	呼吸器への刺激、眠気・めまいのおそれ	
シクロヘキサン	110-82-7	血管系の障害や呼吸器への刺激のおそれ	
N,N-ジメチルアセトアミド	127-19-5	発がんの恐れの疑い、生殖能力や胎児への悪影響のおそれ	
1,4-ジオキサン	123-91-1	発がんの恐れの疑い、中枢神経系の障害、目や皮膚の刺激	
イソプロピルアルコール	67-63-0	中枢神経系、全身毒性の障害	
2-ブトキシエタノール	111-76-2	皮膚に接触すると有毒、生殖能力や胎児への悪影響のおそれの疑い	

最も多かったのはリモネン（柑橘系の香り）で二三製品（九二％）に使われ、ついでアルファピネン、ベータピネン（各二〇製品（八〇％）、松の香り）でした。

アメリカの法律で毒性または有害であると認められたVOCが二四種類ありましたが（表8）、成分表示欄に示されていたのは一種類（二つの製品でエタノール）だけ、製品安全データシートに記載されていたのは二種類（五製品でエタノール、一製品で2‐ブトシキエタノール）だけだったのです。

二五製品のうち、ラベルや安全データシートで「環境にやさしい」や「オーガニック」、「無毒性」、「ナチュラル」などと表示した製品が一一種類ありましたが、他の商品と比べても、毒性や有害性、発がん性がある化学物質の数に差はありませんでした。

三五％が香料による体調不良を経験

ステインマン博士は、アメリカ全土で無作為抽出した一一三六人を対象に、香料に関する調査を二〇一六年に行いました。その結果、約九割の人が自分や周りの人が使う消臭剤や、歯磨き粉やシャンプーなどのセルフケア用品、衣類用洗剤などから発生する香料に、週に一度は曝露されていることがわかりました（図5）。

回答者の三四・七％が、香料製品への曝露で体調不良を経験していると報告しています。主な症状は、呼吸器の障害（一八・六％）、粘膜症状（一六・二％）、偏頭痛（一五・七％）、皮膚症状（一〇・六％）、喘息発作（八・〇％）、神経系症状（七・二％）、認識障害（五・八％）、胃腸系障害（五・五％）、

図5　自分や他人が使う香料製品への曝露状況

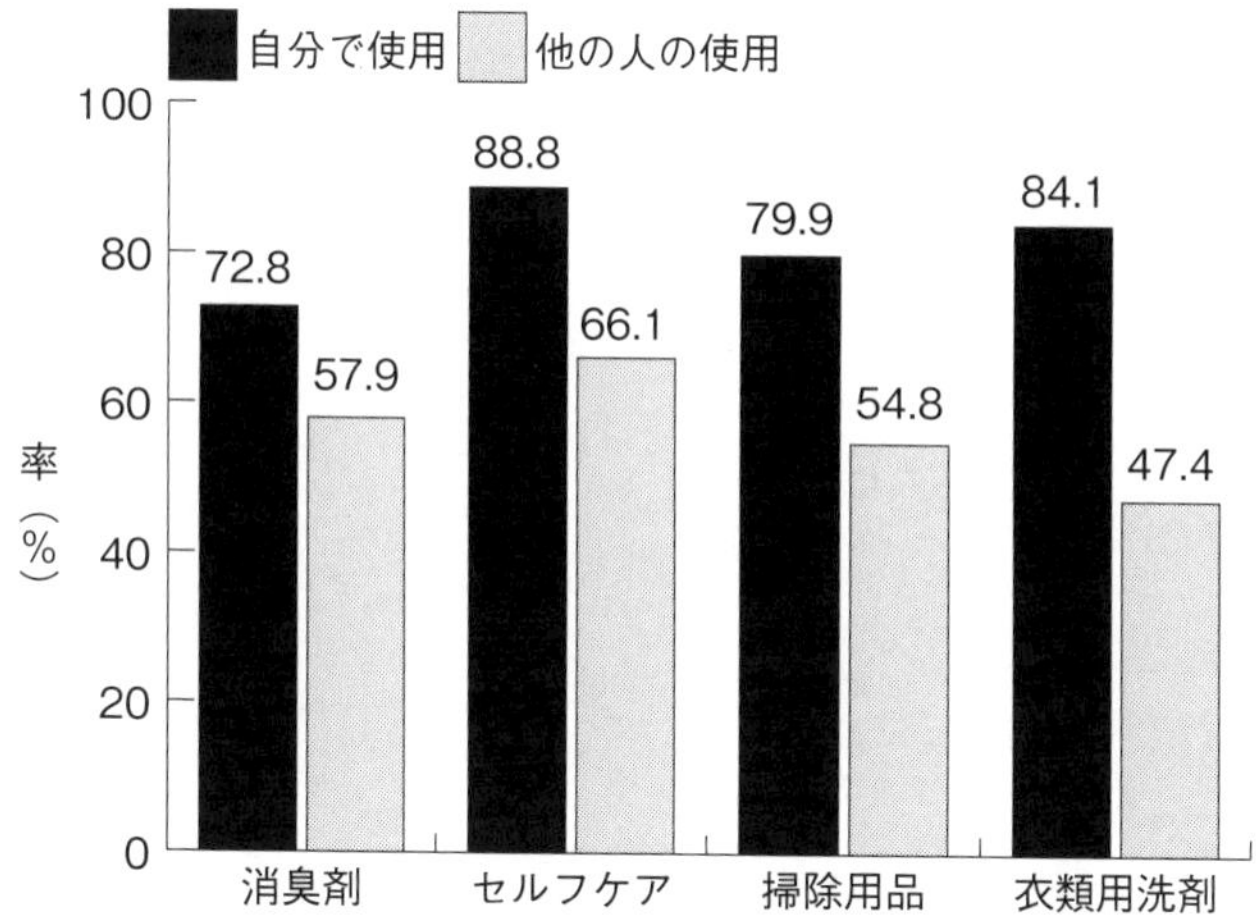

心臓血管系障害（四・四％）、免疫系障害（四・〇％）筋骨格系症状（三・八％）でした。

体調不良を経験した人は女性が五六・一％で、男性（四三・九％）より多いことがわかりました。また、体調不良が起きた原因としては、消臭剤・脱臭剤（二〇・四％）、屋外に漏れた香り付き衣類用洗剤（一一・五％）、香料を身につけた人への接近（二三・六％）、掃除用品（一九・七％）で、呼吸器症状、粘膜症状、偏頭痛、喘息発作、皮膚症状などがおきていました。

障害のあるアメリカ人法（ＡＤＡ）では、「見ることや聞くこと、食べること、眠ること、歩くこと、立つこと、持ち上げること、身をかがめること、話すこと、呼吸すること、学ぶこと、読むこと、集中すること、考えること、コミュニケーションすること、働くことなどの主要な生活活動が一つ以上、大きく制限されること」を「障害」と定義しています。回答者の一七・二％は、これらの問題が発生していると答え、香料製品への曝露が障害を引き起こす可能性が示されました。

例えば、「消臭剤などの香料製品がある公衆トイレを利用できない、または利用したくない」と答えた人は一七・五％、「香料製品に曝されると体調が悪くなるので外出を控えている」は二三・七％、「職場にある香料製品で病気になって休職・退職した」は一五・一％いました。また、職場へ行った時に香料製品があったら、できるだけ早く離れたいという人は二〇・二％いました。

五〇％以上が無香料を好む

職場や学校病院などの公共空間を香料のない環境にする「無香料ポリシー（方針、政策）」について尋ねると、五三・二％は職場での無香料ポリシーを支持すると答え、支持しない人は一九・七％に止まりました。香料を望まない人は、望む人よりも約二・七倍多いことになります。

無香料のヘルスケア用品を好む人は五四・八％いたのに対し、香り付きを好む人は二二・四％しかおらず、無香料製品を好む人が約二・五倍多いという結果になりました。

香り付きの空気が流れる飛行機に乗るかどうか選べる場合、無香料の飛行機を選ぶと答えた人は五九・二％と大半を占めましたが、香り付きを好む人は二三・六％だけでした。無香料の空気が流れるホテルに泊まりたい人は五五・五％でしたが、香り付きがいい人は二七・八％にとどまり、やはり無香料を好む人が多いことがわかりました。

この調査はアメリカの代表的な年齢、性別などの人口構成を反映して無作為抽出した、一般的なアメリカ人を対象にしたもので、化学物質過敏症やアレルギー患者を対象に行った調査ではありません。それでも、半数以上の人が香りのない空間を好み、香料によって退職を余儀なくされるなどの深刻な問題が起きていることを考えると、公衆衛生保護の観点から香料のない環境を増やしていく必要がありそうです。

テキサス大学健康科学センターのクラウディア・ミラー博士は、少量の化学物質に繰り返しさらされることによって、以前は耐えられた化学物質でも症状が起きるようになることを指摘し、「最高の香りとは、匂いがないことだ」と述べています。

なお、ここでいう「無香料」というのは香料が存在しないことです。無香料をうたった製品の中には、悪臭を抑えるために香料を混ぜているものもありますから注意してください。

参考文献

A Steinemann et al, Environmental Impact Assessment Review（2010）;31（3）: 328-333
A Steinemann. Air Qual Atmos Helath（2016）;9:861-866
C Potera, Environmental Health Perspectives（2011）119-1:A16

アロマオイルの危険性

利用者への「サービス」として、アロマオイルを噴霧する事業者もいます。東急電鉄は二〇一六年に、一七駅にアロマディフューザー（エッセンシャルオイルの香りを室内に拡散する機器）を設置しましたが、日本消費者連盟が、中止を求める要望書を提出し、その後、アロマ噴霧を中止しています。

また、愛知県を中心に運行する名鉄バスは二〇一七年、夜行バス三便で、乗車ドア開閉時に天然アロマを噴霧するサービスを開始し、化学物質過敏症（CS）の患者会「化学物質過敏症あいちReの会」代表の藤井淑枝《ふじいよしえ》さん（五九歳）が、公開質問書を提出しました。

名鉄バスは「一瞬香るだけで車内に充満するものではない」と説明していますが、化学物質過敏症発症者にとっては、瞬間的な微量暴露でも頭痛や吐き気、めまいなどを起こす原因になります。生理中の女性や妊婦、抗がん剤で治療中の人も香りに敏感になり、体調不良を起こす可能性があるのです。

公開質問書には化学物質問題などに取り組む全国の市民団体三二団体、個人七三人が賛同しましたが「約三分の一は、健常者や化学物質過敏症以外の病気を抱えている人たち。過敏症でなくても香料を避けたいと思っている人は少なくない」と藤井さんはいいます。

一方、「植物から、昔ながらの蒸留法で抽出された天然のエッセンシャルオイルなら健康に悪影響を与えない」という主張もありますが、欧州連合（EU）が香料規制に乗り出したように、天然でも無害とはいえません。エッセンシャルオイルは植物の中にある成分を高濃度で抽出したもので、アルデヒド、アルコール、エステル、ケトン、フェノール類などを含み、抗菌、殺虫、抗炎症作用などがあります。

アメリカには化学物質に暴露した動物について電話相談ができるアメリカ毒性コントロールセンター（APCC）があり、カナダとアメリカからの相談に応じています。イリノイ大学のアリソン・G・ジェノベーセ博士らは、APCCに寄せられた相談のうち、エッセンシャルオイルを使ったノミ除けのシャンプーやスプレーなどを使った犬と猫（合計四八匹）の症例を調べました。そのうち四四匹

（九二％）は、中枢神経系や消化器、呼吸器の異常などを示しました。七七％は、製品ラベルの指示通りに使ったのに有害な影響が現れ、なかには安楽死に至ったケースもあります。

解剖や毒性検査は行われなかったので、これらの製品に合成化学物質や不純物が混ざっていた可能性もありますが、「飼い主は多くの植物抽出成分に有害な影響がある可能性や、臨床的有効性について科学的証拠が不足していること、これらの製品に法的な規制がないことに気づくべきだ」と注意を促しています。

イギリス、ペニンシュラ医学校のポール・ポサズキー博士は、エッセンシャルオイルでアロマセラピーを受けた人の症例研究に関する論文を調査しました。オーストラリアやオーストリア、ベルギー、カナダ、フランス、インド、タイなど一八カ国で行われた研究論文で、皮膚炎や湿疹、呼吸困難、嘔吐、意識障害、昏睡、下痢、痙攣、皮膚や筋肉の壊死、嘔吐などの体調不良を起こした症例が七一例ありました。これらの副作用を起こしたと疑われるエッセンシャルオイルは、ビターオレンジ、シダーウッド、シトロネラ、ラベンダー、リモネンなど多岐にわたりますが、もっとも訴えが多かったのは、ベルガモット、ローレル、ラベンダー、ペパーミント、ティーツリー、イランイランなどでした。

参考文献

Paul Posadzki et al. International Journal of Risk & Safety in Medicine.(2012)24:147-161
Genovese et al. Journal of Veterinary Emergency & Critical Care .(2012):22(4)470-475

5　化学物質過敏症患者の訴訟と無香料ポリシー

「障害のあるアメリカ人法」（ＡＤＡ）では、前述したように主要な生活活動（見ることや話すこと、食べること、眠ることなど）や身体機能（免疫機能、消化活動、呼吸器系や循環器系の働きなど）が妨げられていることを障害としており、アメリカ連邦政府の建築・交通バリア・コンプライアンス委員会も、電磁波過敏症や化学物質過敏症はＡＤＡの下で障害と認められると二〇〇二年に発表しています。

また、同委員会の要請を受けたアメリカ国立建築科学研究所（ＮＩＢＳ）は、屋内の空気環境を改善するための対策と、化学物質過敏症や喘息、その他の呼吸器疾患のある人や電磁波過敏症でも公共施設や商業施設を利用できるように、クリーンエアルーム・ガイドラインを二〇〇五年に発表しました。

クリーンエアルーム・ガイドラインの要件は次のとおりです：禁煙であること、香料が無いこと、殺虫剤が無いこと、毒性・リスクのある掃除用品は最小限であること、カーペット搬入を含め改装・改修工事を最近していないこと、携帯電話の電源を切ること、コンピューターやその他の電気設備の電源を切るかプラグを抜けること、蛍光灯をオフにできること、開けられる窓や外部に通じたドアがあって空気の流れや温度を調節できること。

建物の入り口からクリーンエアルームまでの経路はできるだけ短くし、過敏症でも利用できるよう努めることや、トイレもクリーンエアルームの利用者を想定して設計し、香料製品や消臭スプレー、殺虫剤などを置かないよう求めています。

また合理的な配慮として、タバコを吸わず、香料をつけないスタッフ（看護師、警察官、警備員、受付など）を勤務時間ごとに、少なくとも一人配置することも求めています。

ＮＩＢＳは、清掃に使う洗剤から発生する化学物質にも注意を促し、無香料でＶＯＣ（揮発性有機化合物）が少ない清掃用洗剤を使うこと、脱臭剤や香料のついた製品を使わないこと、こまめに掃除と換気を行うこと、悪臭を吸収する重曹などを利用することを推奨しています。

また、害虫・害獣の駆除に使う殺虫剤や除草剤、防カビ剤、消毒剤が急性毒性影響と慢性毒性影響を起こすことに触れ、喘息悪化、吐き気、頭痛、めまい、疲労感、先天異常、生殖異常、神経障害を起こすリスクがあると述べています。とくに化学物質過敏症の発症者は、近所で散布された殺虫剤や数週間前に除草剤が撒かれた道路を運転することや、数年前に殺虫剤が使われた建物にいることでさえ、ときには生命に関わるほどの重い症状を起こすと指摘し、「化学物質過敏症の発症者にとって殺虫剤の存在はアクセスを妨げる巨大な障壁になる」と説明しています。

そこでＮＩＢＳは、害虫・害獣がいる場合は食物、水、棲処を取り除き、侵入路となる隙間をふさぐこと、網や罠、機械による雑草刈り取りなどを優先し、薬剤を使うのは最後の手段にするよう求めています。

職場の香料問題で裁判に

アメリカでは香料の使用をめぐる裁判も起きました。二〇〇六年、アメリカのデトロイト市では市の職員で、化学物質過敏症のスーザン・マクブライドさんが、新しく入ってきた同僚が使う香水とコンセント式の消臭剤で息ができなくなりました。マクブライドさんが同僚に配慮を求めると、コンセント式消臭剤はやめてくれたのですが、香水は使い続けました。

マクブライドさんは上司にも対応を求めましたが、デトロイト市は、「同僚には香水をつける権利があり、マクブライドさんの病気は彼女自身の問題であって同僚には関係ない」と判断しました。そこでマクブライドさんは、「障害のあるアメリカ人法」（ＡＤＡ）に基づいて市を提訴しました。

ＡＤＡは、前述したように主要な生活活動（見ることや話すこと、食べること、眠ることなど）や身体機能（免疫機能、消化活動、呼吸器系や循環器系の働きなど）が妨げられていることを障害としており、悪臭や香料に暴露した結果、喘息や呼吸困難、痛み、皮膚炎などの重い症状が出た従業員も障害者として認められます。マクブライドさんは、香料によって呼吸という重要な機能が妨げられているので、障害者であると裁判所は判断しました。

判決に基づき、デトロイト市のＡＤＡハンドブックには、「私たちの目標は、香料過敏症や化学物質過敏症の職員に対して、敏感になることだ」と加えられ、職員に対して「香料製品を身につけるのを控える」よう求めています。

対象となる製品は、コロンやアフターシェーブローション、香水、デオドラント、体や顔につけるローション、ヘアスプレー、香りつきろうそくや雑誌の香料サンプル、消臭剤などで、無香料の石けんを使うことも求めています。

このように香料のない職場環境をつくることを「無香料ポリシー（方針・政策）」や「香料ポリシー」

といい、さまざまな自治体や企業、学校、病院、介護施設などが実践しています。

香料過敏症患者への合理的配慮

アメリカ労働省障害者雇用政策局（ODEP）の機関で、障害者雇用や職場の調整を扱う職業調整ネットワーク（JAN）は、二〇一三年に報告書「香料過敏症の従業員」をまとめました。

香料過敏症とは、「製品の中にある幾つかの化学物質に対するアレルギー反応や炎症」であるとJANは定義しています。主な症状は大きく分けて皮膚のアレルギーと呼吸器系の症状です。痛みや焼けるような感覚、発赤などを起こす接触性皮膚炎などの皮膚症状や、呼吸困難、喘鳴《ぜんめい》（息を吸うと気管支でゼイゼイという音がする）、胸部の圧迫感、喘息症状の悪化、頭痛、吐き気、目の痛み、目が赤くなる、涙目、くしゃみ、鼻水、鼻づまり、などをあげています。

さらに、アレルギーや喘息を持っている人は香料へもっと過敏になる可能性があり、香料製品にさらされると症状が著しく悪化するかもしれない、と指摘しています。そして、ADAでは来客に無香料を強制することはできないので、「完全な無香料ポリシー」を持つよう促しています。

JANは、香料過敏症の従業員への対応として、次のような方法を示しています。

(1) 問題の香料を排除する：原因となる香料が特定されていて、数が少なく、他の従業員がその香料を管理できる場合。

(2) 香料のある場所から従業員を移動させる：在宅ワーク、同僚や顧客の香料に曝露されないプライベートオフィスでの勤務を含む。

(3) 従業員の香料への曝露を減らす：許容できるレベルまで曝露を減らす。他の人への曝露を最小限にし、換気設備のあるプライベートオフィスをつくる。マスクや呼吸器の装着を認める。ただし、マスクや呼吸器を身につけると快適だという人も、そうではない人もいるので、雇用主は装着を強要してはいけない。

(4) 良好な空気質を保つ。

(5) 香料製品の使用を中止する。

(6) 無香料洗剤のみを使用する。

(7) 無香料の会議室やトイレを提供する。

(8) 仕事机の位置を変える。

(9) 仕事のスケジュールを変える。

(10) 新鮮な空気を吸うための休憩を認める。

(11) 空気清浄機を提供する。

(12) コミュニケーション方法を変える：Ｓｋｙｐｅ（スカイプ）、電話、メールなど。

(13) 職場の無香料ポリシーを修正するか、新たに設ける。

(14) テレワーク：インターネット等を通じて、自宅などで働くこと。

このようにＪＡＮはテレワークやプライベートオフィス、マスクや呼吸器の装着にも触れ、細やかな対応を目指しているようです。しかし、最も望ましい対策は、最初に掲げられた香料の排除ではないでしょうか。

曝露が続けば、健康な人でも将来、健康問題が発生する可能性があります。化学物質は記憶や認識に障害を起こすこともわかっています。すべての人の健康を守るためにも、学校や職場の環境改善はメリットがあるはずです。

マサチューセッツ州も香料の害を警告

マサチューセッツ州も、屋内空気質プログラムの一環として、無香料ポリシーを推進しています。「きれいな空気とは、悪臭がないこと。学校や職場の屋内空気質を改善するために香料を取り除きましょう」と呼びかけています。

消臭剤や防臭剤には、発がん性があり肺の機能を損なうホルムアルデヒドや、呼吸器の炎症を起こすテルペン（柑橘系やマツ、ハーブなど植物から抽出した香料成分）、目や呼吸器の炎症を起こす石油系の化学物質が含まれており、手洗い用の衛生洗剤には呼吸器の炎症を起こすアルコール類が使われていることを示し、屋内の空気を改善するための具体的な方法を提示しています。

適切な換気を行うことや、悪臭の原因になるカビが発生しないように水漏れに注意すること、冷蔵庫や調理場の清掃を定期的に行うこと、掃除をしてゴミを取り除くことなどの、基本的な悪臭対策を紹介しています。

職場での喘息を防ぐための規制

職場の環境因子が原因で起きる喘息を「作業関連喘息」と呼び、日本では成人の喘息患者のうち約一五％が発症していると考えられています。例えば蕎麦屋や蕎麦製麺に関わる人のそば粉アレルギー、木材加工業者の杉アレルギーなどがあり、有病率が高い職種は、塗装業、パン製造業、製麺業、看護師、化学物質に関わる労働者、食品加工業、溶接業、木材加工業などです。

アメリカの疾病管理予防センター（ＣＤＣ）が二〇一二年に二二州を対象に行った調査では、作業関連喘息の発症率は一五・七％（男性一七・六％、女性一四・八％）でした。職場で日常的にアレルゲンにさらされ続けるので治りにくく、重症化しやすい上、退職を余儀なくされる場合もあります。

そこで、カリフォルニア州公衆衛生局では、香料と作業関連喘息に関する情報提供を労働者と職場の管理者に行っています。同局は「一度喘息になると一生続くので、発症を避けることが重要だ」と述べ、カリフォルニア州内の学校や病院、オフィス、工場などの職場で香料が起こした喘息の事例を二五〇件以上も紹介しています。

例えば、喘息を発症していた事務職の女性が、同僚が消臭剤をスプレーした途端にひどい喘息発作を起こし、緊急治療室に運ばれた上、今までより、もっと多くの薬を飲まなくてはいけなくなったケースもあります。

「消臭剤や防臭剤は嫌な臭いを抑えるが、悪臭をなくすわけではない。これらの製品は喘息の他、頭痛やアレルギーなどの健康問題を起こす。消臭剤で悪臭を抑えるのではなく、臭いの発生源を見つけて解決するのがより良い方法だ」と、同局は示しています。

また、職場での喘息を防ぐために、次のような対応を呼びかけています。

・香料の健康影響について労働者に教えること。

図６　喘息を発症した子どもの推移

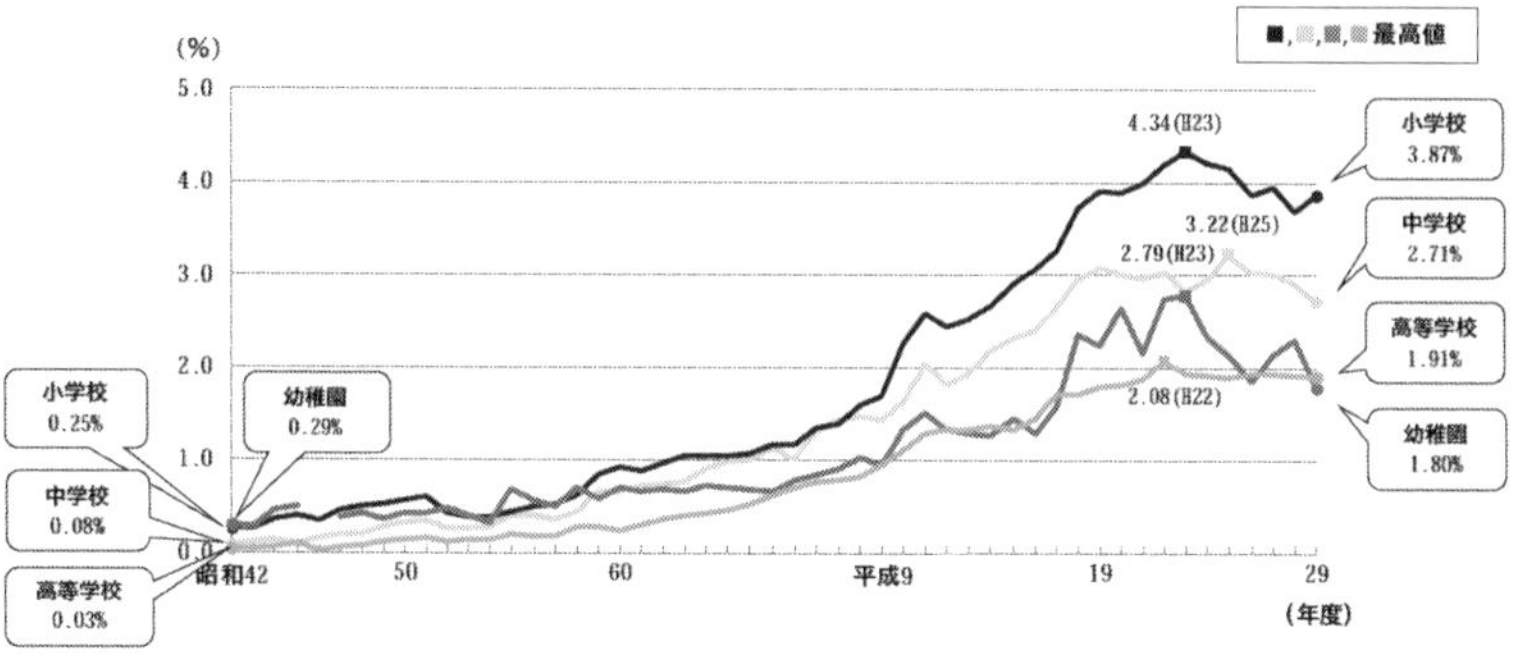

（注）１．「ぜん息の者」は昭和42年度から調査を実施している。
２．幼稚園（５歳）については，昭和46年度は調査していない。

（出典：文部科学省、平成29年度学校保健統計速報）

・学校や職場に無香料ポリシーを持つこと。
・職場での消臭剤使用を禁止すること。
・悪臭の発生源を取り除くか対処すること。
・無香料の製品を選ぶこと。
・屋外から適量の新鮮な空気を取り入れること。

このように、喘息対策の上でも、屋内の空気環境の改善は重要視されています。

日本では香料自粛をお願いするポスターを自治体が作っていますが（第６章）、さらに一歩進めて、障害者の人権保護と、その空間にいる人全員の健康を守るという観点から香料の規制を進めていく必要があります。

文部科学省の二〇一七年度の調査によると、喘息を発症する子どもは幼稚園で一・八〇％、小学校で三・八七％、中学校で二・七一％、高校で一・九一％です（図６）。一九六七年度は、それぞれ〇・二九％、〇・二五％、〇・〇八％、〇・〇三％だったので、この五〇年で幼稚園は六・二倍、小学生は一五・五倍、中学校は三三・九倍、高校では六三・七倍も増えています。

喘息発症者が最も多かったのは二〇一〇（平成二二）～二〇一三（平成二五）年にかけてで、その後は減少傾向にありますが、小学生は増えています。喘息は一度発症すると生涯にわたって悩まされる病気です。子どもたちの健康を守り、喘息発作を起こさせないためにも、学校や図書館、交通機関など子どもたちが過ごす場所には無香料環境が必要ではないでしょうか。

カナダも「無香料ポリシー」を推進

電磁波や化学物質、騒音などの環境因子に反応して、頭痛や集中困難、胸部への圧迫感、吐き気、倦怠感などの症状が起きる病気を「環境過敏症」と呼ぶこともあります。化学物質過敏症や電磁波過敏症、シックハウス症候群なども、環境過敏症の一部といえます。

カナダでは人口の約三％が環境過敏症を発症しているので、カナダ人権委員会（差別問題を扱う独立委員会で、調停などを行う準司法機関）は二〇〇七年、報告書「環境過敏症の医学的展望」を発表しました。

原因物質として電磁波や香料（香水、消臭剤、衣類用洗剤、柔軟剤）、本や雑誌のインク、殺虫剤、除草剤、防カビ剤、タバコ、カビやバクテリアなどの微生物、防腐剤や香料などの食品添加物、騒音など環境の中にあるさまざまな物質をあげています。

また、環境過敏症は誰でも発症しうる病気であり、繰り返し刺激を受けることで発症する、と説明しています。職場の環境改善をすることは、一時的に費用は高くつくものの、揮発性有機化合物

（ＶＯＣ）などを発生させない素材は長持ちがしてメンテナンスも少ないため、長期的に見ればコストは大きくならない、と指摘しました。さらに、「無線の無い区画は、従業員の健康と通信のセキュリティの両方を改善するだろう」として、電磁波対策も求めています。

環境改善だけでなく、「行動の変化も重要」としています。例えば、無香料の空間を実現するにしても、全員の協力が必要です。「行動を変えるための教育とリーダーシップには費用がかからない。したがって、職場の環境を改善することは、労働者の健康のための最高の選択肢であるだけでなく、経済的にも妥当な決定だ」、「環境過敏症に配慮することは、職場の環境の質と労働者の作業効率を改善する機会になり、発症の予防につながるだろう」と述べています。

カナダ労働安全衛生センター（ＣＣＯＨＳ：労働環境の安全、衛生に関わる情報収集や広報活動などを行う機関）は、化粧品や消臭剤、洗剤などの香料で起きる症状として、頭痛やめまい、吐き気、疲労、虚弱、不眠、上気道症状、息切れ、皮膚炎、不快感、集中困難などを挙げています。

アレルギーや喘息の患者は、少量でも発作の引き金になると報告していることや、症状には個人差が大きいことも指摘しています。

香料を含む製品として挙げられたものは、シャンプーやコンディショナー、ヘアスプレー、脱臭剤、コロンやひげそり後のローション、香料や香水、ローションやクリーム、ポプリ、職場や家庭の化学物質、石けん、化粧品、消臭剤と防臭剤、オイル、ろうそく、おむつなどです。

「無香料をうたっている製品は、添加した化学物質で臭いをごまかしているだけかもしれないことに留意し、敏感な人の周りで香料製品を使う場合、製品を慎重に調べるべきだ」と注意を促していま

写真　カナダ、ニューファンドランド・ラブラドール州政府のポスター

（出典：www.exec.gov.nl.ca/exec/hrs/working_with_us/scent.html）

す。

カナダ北東部ニューファンドランド・ラブラドール州では、「職員や顧客、来客に健康で安全な環境を提供するために、庁舎内での香料使用は避けましょう」というポリシーを掲げ、ポスターも制作しています（写真上）。

ポスターには「このエリアにいる人たちは香料に敏感です」、「健康で安全な環境を作るために共に働きましょう」と書かれています。

同州で対象となる香料製品は、化粧品（香水、アフターシェーブローション、コロン、シャンプー、コンディショナー、石けん、ボディーローション、デオドラント）や、消臭剤、防臭剤、ロウソク、ポプリ、エッセンシャルオイル、衣類用洗剤・柔軟剤、その他の洗剤などです。

このポリシーは全職員に適用され、閉庁時でも有効です。大掛かりな掃除や改修工事、建設などは人が少ない時に行うこと、環境負荷がなく無

香料または匂いのない製品を使うこと、職員は職場で香りのする製品を身につけないことも求めています。

無香料の病院を目指す

カナダ、ケベック州のマギル大学のケン・フレーゲル博士らは、「私たちの病院には人工香料を置く場所はない」と二〇一五年に発表しています。カナダでは、国や州の人権委員会が、香料に敏感な従業員のために、宿泊施設に香料を置かないように求めていますが、病院やクリニックには香料に関する規制はありません。

しかし、「約三〇％の人は香りに対していくらか敏感であり、喘息患者の二七％は香料で症状が悪化するといっている」ため、「喘息や上気道の病気、皮膚の過敏性を持つ患者が集まる病院では、香料はとくに問題だ」とフレーゲル博士らは指摘しました。喘息を悪化させるものとして、副流煙や漂白剤や香り付き洗剤が報告されており、「私たちは香料過敏症のメカニズムをもっと学ばなくてはいけないが、当病院ですぐに予防的対策をとるための理由になる知見は十分ある。多くの公共施設が無香料環境を推進しており、いくつかの病院もそうしている」「人工的な香料のない病院環境を一貫した方針にして、患者やスタッフ、見舞客の安全性を高めるべきだ」と述べています。

予防的対策を取るだけの十分な知見がある以上、早い段階で対処し、被害を軽減するべきです。過去の公害病でも、対策が遅れるほど被害者を増やしてきました。喘息発作など呼吸器への障害は生命に関わる問題ですから、対策を先送りにすることはできません。

参考文献

アメリカ労働省、労働安全性政局（https://www.osha.gov/SLTC/isocyanates/）

アメリカ環境保護庁報道資料（https://yosemite.epa.gov/opa/admpress.nsf/d0cf6618525a9efb8525735903fb69d/b6930d85250395c185257871005ac462!OpenDocument

土橋邦生「職業性アレルギー疾患ガイドライン二〇一三—職業性喘息について—」『アレルギー』六三（五）二〇一四：六七五〜六八一

船越光彦ら「外来患者における気管支喘息の作業関連性の検討」『アレルギー』五三（一一）二〇〇四：一一二三〜一一二九

The National Institute of Building Science. "Indoor Environmental Quality"（2005）

Job Accommodation Network. "Employees with fragrance sensitivity"（2013）

Work Related Asthma-22state, 201: MMWR64（13）:343-346

Fragrances and Work-Related Asthma: Information for workers. California Department of Public Health.

Scent –Free policy for Workplace. Canadian Center for Occupational Health and Safety.

Newfoundland Labrador, Scent policy（http://www.exec.gov.nl.ca/exec/hrs/working_with_us/scent.html）

Flegel et al, "Artifical scents have no place in our hospitals". CMAJ（2015）187（16）1187

6　合成洗剤と柔軟剤

衣類用の合成洗剤にも、健康影響が懸念される化学物質が界面活性剤などに使われています。合成洗剤が汚れを落とすのは、界面活性剤が繊維の中に浸透し、汚れを包み込んで剥がすからです。界面活性剤は、水となじみやすい親水基と、油となじみやすい疎水基で構成され、油汚れを見つけた疎水基は油に引き寄せられて集まり、油汚れを取り囲みます。疎水基が油に集まっていくと、結果として油汚れは親水基に覆われることになります。親水基は水との親和性が高いので、油汚れは水中に油滴となって引っ張り出され、繊維に付着した汚れが落ちます。

界面活性剤には、大きく四つのタイプがあり、シャンプーやリンス、歯みがき、衣類用・台所用洗剤にも使われています。

(1) **陰イオン（アニオン）界面活性剤**：水に溶けると疎水基の付いている部分がマイナスイオンに電離する界面活性剤。合成洗剤やシャンプーなどに広く使われている。

(2) **非イオン（ノニオン）界面活性剤**：水に溶けても、イオン化しない親水基をもち、他のタイプの界面活性剤と組み合わせて利用できる。

(3) **両性界面活性剤**：水がアルカリ性なら陰イオン、酸性なら陽イオンの性質を示す界面活性剤。

(4) **陽イオン（カチオン）界面活性剤**：疎水基の付いている部分がプラスイオンに電離する界面活性剤。繊維や毛髪などマイナスに帯電している面に吸着し、帯電防止、殺菌性、柔軟性を与える。

経済協力開発機構（ＯＥＣＤ）の毒性試験ガイドラインでも、軽度毒性があると分類されている。

衣類用洗剤には主に陰イオン界面活性剤と非イオン界面活性剤が、柔軟剤には陽イオン活性剤が利用されています。例えば、陰イオン界面活性剤の代表的な物質であるデシルベンゼンスルホン酸ナトリウムは、飲み込むと有害で皮膚刺激、アレルギー性皮膚炎を起こす恐れがあり、オクチル硫酸ナトリウムは、皮膚刺激性、目に対する重篤な損傷、呼吸器への刺激などが報告されています。

一方、私たちの皮膚には約二〇種、数百億個の皮膚常在菌がおり、外部からの病原菌の侵入を防ぐバリアとして働いています。大阪府立公衆衛生研究所の研究チームが、陽イオン界面活性剤六種類を、大腸菌、肺炎桿菌《はいえんかんきん》、黄色ぶどう球菌と三種類の皮膚常在菌に加えたところ、四種類の界面活性剤は、全ての菌の発育を阻害し、皮膚常在菌はとくに影響を受けやすいことがわかりました。陽イオン界面活性剤には、殺菌や脱臭、吸着性がありますが、皮膚常在菌を殺して皮膚のバリア機能を低下させる恐れがあるのです。

陰イオン界面活性剤七種類を用いて同様に実験をしたところ、一一種類の界面活性剤は通常使用される濃度でも皮膚常在菌が影響を受けることがわかりました。皮膚刺激や、毛髪育成障害、経皮吸収促進などが指摘されていますから、皮膚が敏感な方は注意が必要です。

柔軟剤には陽イオン界面活性剤が使われていて、洗濯物に残った陰イオン界面活性剤と結びつき、水に溶けない化合物を作って衣類に残留します。繊維の表面に付着して摩擦を減らし、静電気を防止し、やわらかくしたり、防水する効果があります。しかし、陰イオン系の界面活性剤である直鎖アルキルベンゼンスルホン酸塩（LAS）よりも、毒性が五〜六倍強い物質も使われています。

例えば、陽イオン性界面活性剤の一種である第四級アンモニウム塩は、殺菌・防腐作用があり、菌の細胞膜を破壊し、細胞膜にある酵素機能を不活性化して殺すと考えられています。

柔軟剤は衣類に残留するようにつくられていますから、着ている間ずっと、皮膚に接触し続けることになります。

マイクロカプセルに発がん性物質

最近は、香料成分をマイクロカプセルで包み、長時間臭いが発生する製品も販売されています。

マイクロカプセルとは、芯となる物質を膜でつつみ、マイクロメーター・サイズの微小な球体をつくるものです。膜になる素材を変えると、包まれていた物質の放散速度が変わります。膜物質にはゼラチンやポリウレタン、アクリル樹脂などが使われています。

香料や油のマイクロカプセルは化粧品や食品、印刷用インクなどに利用され、有機リン系殺虫剤を膜で包んだ殺虫剤もあります。

この膜になる物質として、イソシアネートという化学物質も使われています。イソシアネートはポリウレタン製品の元になり、ポリウレタンは断熱材、ウレタンフォームのマットレス、防水剤発泡剤や梱包材、塗装、接着剤、建築材料など、あらゆる製品に使われています。

アメリカ労働省労働安全衛生局（ＯＳＨＡ）はイソシアネートによる健康被害として作業関連喘息（仕事でアレルギー物質にさらされて起きる喘息）、肺疾患、目や鼻、喉、皮膚の刺激をあげています。呼吸器や中枢神経系の障害、アレルギー性皮膚反応を起こす恐れがあり、水棲生物にも非常に強い毒性があります。

また、動物実験ではガンを起こすことがわかっており、国際がん研究機関（ＩＡＲＣ）は、ヒトに対して「発がん性があるかもしれない（グループ２Ｂ）」と分類しています。

ＯＳＨＡは労働者の健康を守るために規制値を設けていますが、消費者の使用量や曝露状況に関する情報はごくわずかしかありません。しかし、接着剤やスプレーフォーム、コーティング剤などは、消費者が使っている間ずっと反応を起こし続けているので、消費者が市販されている製品から曝露する危険性があります。

アメリカ環境保護庁（ＥＰＡ）は、消費者向けの製品からのモニタリングや業界団体からの情報収集も行い、規制や禁止を含め慎重に検討する方針です。

日本でも香料にどんな化学物質を使っているのかは公表されていません。柔軟剤のラベルやホームページを見ても「香料」とあるだけですが、せめて何を使っているのか公表し、消費者が安全な製品を選べるようにするべきではないでしょうか。

石けんメーカーが「香害」の広告

シャボン玉石けんは酸化防止剤や着色料、香料、合成界面活性剤などを含まない石けん製品を製造・販売しているメーカーで、その製品はアトピー性皮膚炎や肌の弱い人、化学物質過敏症発症者などに広く利用されています。

同社は二〇一八年六月五日と九日に、朝日新聞と毎日新聞で「香害」の問題提起をする意見広告を発表しました。五日の広告では柔軟剤や洗剤の過剰な香りで苦しむ人がいることや、化学物質過敏症の原因になること、学校や職場に行けない人がいることを伝え、「エチケットのつもりでつけていたあなたの服の香りが、だれかの健康を奪っているかもしれない。そこまでして、香り付き柔軟剤や香り付き洗剤を使う必要はあるのか」と問いかけています（写真左）。

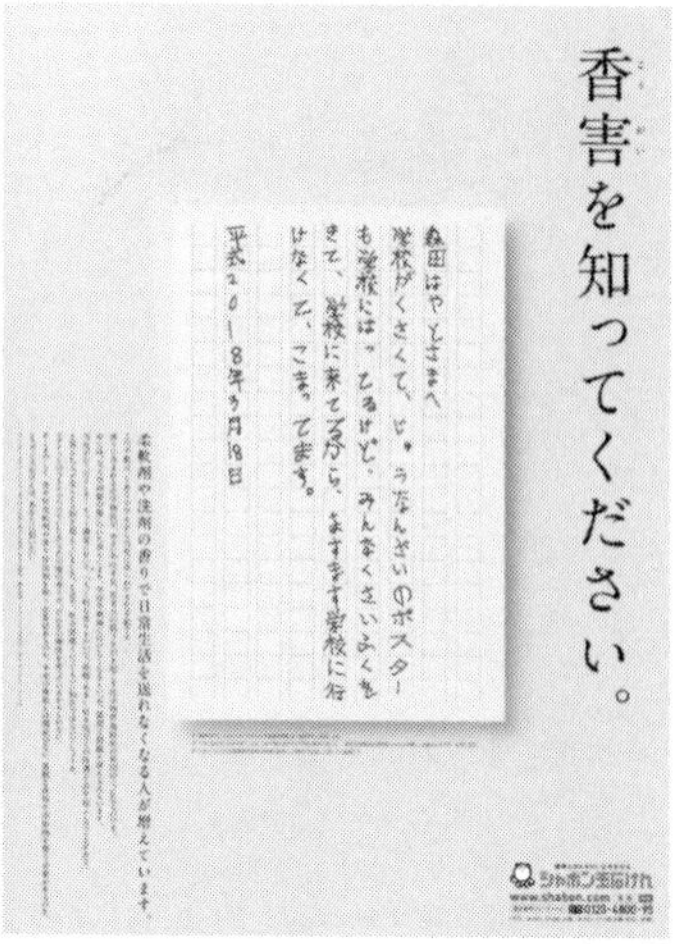

シャボン玉石けんが出した意見広告。2018年6月5日付（左）と9日付（右）。

同社広報部によると、「香害」に関する意見広告を出したのはこれがはじめて。二〇一六年から三年間にわたって、「香害」の意識調査も行っていますが、二〇一六年度の調査に参加した四一五人のうち「人工的な香りをかいで、頭痛・めまい・吐き気などの体調不良を起こしたことがある」と答えた人は五〇%を超えたそうです。

今回、意見広告を出したのは、二〇一八年三月に、北海道の小学生から同社代表の森田隼人さん宛に届いた、「柔軟剤の臭いで体調不良になり、学校に行けない」と訴える手紙がきっかけでした。「これに衝撃を受け、この深刻な問題を世の中に知らせなければいけないという想いで広告の実施に至った」といいます。九日付けの広告では、本人と家族の同意を得て、手紙の全文を掲載しています（写真右側）。

「他社の批判、誹謗をしているつもりはなく、いま起こっている問題にデータを添えて、過剰な香りによる健康被害で社会生活まで困難になる方がいるという事実を伝えたかった」といいます。

この広告はSNSなどでも拡散され、大きな反響を呼びました。全国から問い合わせや応援メッセージのほか、「苦しんでいるのが私だけではなかったことがわかった」といった共感の声が三〇〇件近く寄せられたそうです。

同社広報部は「『香り』の全てを否定しているわけではなく、『人工的で過剰な香り』が本当に必要なのかということ、よかれと思ってつけている香りが誰かの健康被害につながる可能性があることなど、行政や業界、消費者の方々が気づき、考えるためのきっかけづくりが出来ればと考えています。一企業が出来ることはそれほど大きくありません。行政の力も必要です。それ以上に、当社も含めた生活者皆様の少しずつの配慮が必要ですし、その配慮の輪を広げていく一助になればという想いです」と述べています。

参考文献

日本界面活性剤工業会ホームページ
独立行政法人製品評価技術基盤機構化学物質管理センター「身の回りの製品に含まれる化学物質シリーズ 洗剤（家庭用）」
厚生労働省　職場の安全サイト（http://anzeninfo.mhlw.go.jp/）
牧野公子、オレオサイエンス（二〇〇一）：一（九）：二五-三〇
宮野直子、大阪府立公衆衛生研究所報（二〇〇九）四七：四七-五二

第3章　学校無線ＬＡＮと電磁波の影響

文部科学省は、学校への無線LAN導入率一〇〇%を目指し、コンピューターを使った授業を推進しようとしています。すでに導入した諸外国では電磁波過敏症の子どもが自殺し、反対運動や集団訴訟も起きています。このまま無線LAN導入を進めても大丈夫なのでしょうか。

1　教育の情報化を加速させる文部科学省

現在、パソコンやスマートフォンの普及、AI（人工知能）、IoT（モノのインターネット。電気製品などにセンサーなどを埋め込み、機器の間で相互に情報交換できるようにすること）、ビッグデータの活用など、情報通信技術（ICT）が急速に普及しています。

文部科学省も、これからの社会で求められる知識・技能を高めるための教育が必要だとして、学校教育にICTを導入する「教育のICT化」を進めています。

小・中・高等学校の各教科の特性に応じてICTを活用することや、高等学校では全生徒がプログラミングを学び、小学校からプログラミングの体験学習をすることも検討されています。

校内のICT環境は学校事務でも利用されますが、それらの環境整備を進めるために、二〇一四年度から一七年度までの四年間で、総額六七一二億円が投入されています。

具体的には、一〇〇Mbpsを標準とした超高速インターネットを整備し、普通教室での無線LAN整備率を一〇〇%にする方針です。また、現在の児童・生徒のパソコン普及率は平均で五・九人に一台（二〇一九年三月現在）ですが、将来的には三・六人に一台を準備し、授業で必要な時に一人に

図7　情報通無線信技術を導入した教室の様子

教室には、無線ＬＡＮや電子黒板や実物投影機も設置する方針。

出典：文部科学省「より効果的な授業を行うために学校のICT環境を整備しましょう」

一台割り当てられる環境を目指しています（図7）。

パソコン導入率が高いのは佐賀県（一・九台／人）、もっとも低いのは神奈川県と埼玉県（いずれも八・〇台／人）と、地域によってばらつきがあります（二〇一七年三月現在）。

普通教室の校内ＬＡＮ整備率は八九・〇%、無線ＬＡＮ整備率は二九・六%、一〇〇Ｍｂｐｓ以上の超高速インターネットは四八・三%です。普通教室への無線ＬＡＮ整備率はまだ三〇%以下ですが、今後は特別教室も含めて導入が進む見込みです。

今後の社会でＩＣＴがますます利用されるのは確実でしょうし、それに合わせて子どもたちの教育も変わっていくことは必要なのでしょう。また、視力が低い子どもにとっては、パソコンで文字を拡大したほうが読みやすいなど、ハンディを補うこともできるかもしれません。

ただし、学校の普通教室に無線LANを一〇〇％整備し、体育館にも設置するというのは問題です。体育館に設置するのは、災害時に地域住民の避難場所になるからです。平常時は教育に利用するといいますが、体育館で無線LANを使う授業をする頻度はそれほど高くないでしょう。また、非常時に無線LANが稼働するとすれば、避難したくてもできない人、避難所の無線LAN電磁波で体調を崩す人が現れる可能性もあります。

教室に無線LANが整備されれば、子どもたちは学校で無線LANの無線周波数電磁波へ常に被曝させられることになります。原則として校内には有線LANのみを設置し、無線LANもつけた場合は、使用する場合だけオンにし、使わない時はオフにするなどして、子どもの被曝量を下げるべきです。オフにすることで節電にもつながります。

文部科学省も健康への注意を示す

文部科学省は「児童生徒の健康に留意してICTを活用するためのガイドブック」を制作しました。「タブレットPCや電子黒板を集中して見続けると、まばたきの回数が減り、涙が目の表面を十分に覆うことができなくなり、ドライアイになりやすくなります」、「授業では、タブレットPCや電子黒板を長時間見続けることがないように」と、注意を促しています。

夜間に強い光を浴びると、睡眠に関わるホルモン「メラトニン」の分泌が阻害され、寝つきが悪くなったり不眠症になるなど、睡眠障害が起きます。そのため「夜更かしを防止する意味でも、睡眠前の強い光を発するＩＣＴ機器の利用を控えましょう」と呼びかけています。

タブレット式パソコンや電子黒板への照明や外光の写り込み、子どもの姿勢、疲れ目やドライアイ、ブルーライトによる影響、大音量で長時間ヘッドフォンを使うと騒音性難聴になることには触れていますが、無線ＬＡＮで使う無線周波数電磁波の影響については言及していません。

携帯電話電磁波と脳腫瘍

世界各国の研究機関が、無線周波数電磁波を発生する携帯電話と脳腫瘍の関連性を調べています。有名なのは、スウェーデンのレナート・ハーデル博士が発表した、携帯電話をいつも同じ側の耳（例えばいつも右耳）にあてて一六四〇時間以上使うと、脳腫瘍のリスクが一・四倍になるというものです。ちなみに一日三〇分の割合で一〇年使うと一六四〇時間に達します。子どもへの影響はとくに大きく、二〇歳になる前に携帯電話を使い始めると、神経膠腫のリスクが三・一倍、聴神経腫のリスクが五・〇倍になりました。

イタリアでは、仕事のために携帯電話を一二年間使って脳腫瘍になった男性の訴えが認められ、最高裁判所が保険団体に補償金の支払いを命じる判決も出ています。

世界保健機関（ＷＨＯ）には、放射線・電磁波や化学物質、職業などを対象に発がん性を検証して分類する国際がん研究機関（ＩＡＲＣ）という組織があります。ＩＡＲＣは二〇〇二年に極低周波電磁場を、二〇一一年に無線周波数電磁場を「グループ２Ｂ：発がん性の可能性がある」に分類しまし

表9　IARCのヒトに対する発がん性分類（2018年7月現在）

分類		分類された主な物質
グループ1：	発がん性がある	アスベスト、ヒ素、ベンゼン、エックス線、ガンマ線、紫外線、プルトニウム、タバコ、カドミウム
グループ2A:	おそらく発がん性がある	クレオソート（防腐剤）、DDT、スチレン、概日リズムを乱すシフト勤務、美容師
グループ2B:	発がん性の可能性がある	アセトアルデヒド、ジクロルボス、極低周波磁場、無線周波数電磁場
グループ3：	発がん性があると分類されない	静電場、静磁場、極低周波電場、エチレン、メラミン、水銀、パラチオン（有機リン系殺虫剤）
グループ4：	おそらく発がん性がない	カプロラクタム

参考：International Agency for Research on Cancer, List of Classification

た。

同じグループ2Bには、使用が規制または禁止されているアセトアルデヒドやジクロルボスなどの化学物質も入っています（表9）。

発がん性の可能性のある電磁波に、幼い子どもたちを被曝させても大丈夫なのでしょうか。子どもは大人よりも環境因子の影響を受けやすく、免疫系も神経系も未発達です。

国によって変わる被曝基準

電磁波の基準値は周波数帯によって変わりますが、国によっても大きく異なります。

携帯電話などで使われる周波数八〇〇MHz（八億Hz）帯と2GHz（二〇億Hz）帯についてみてみると、日本では八〇〇MHzは、電力密度（単位面積あたりを通過するエネルギー量を示す）六〇〇μW／cm²（マイクロワット／平方センチメートル）、二GHz帯は一〇〇〇μW／cm²となっています。

図８　各国・地域の電磁波被曝基準・勧告値

日本は国際ガイドラインを上回り、欧州評議会（CoE）の暫定目標の約1万倍、オーストリア医師会（AG）ガイドラインの1000万倍高い

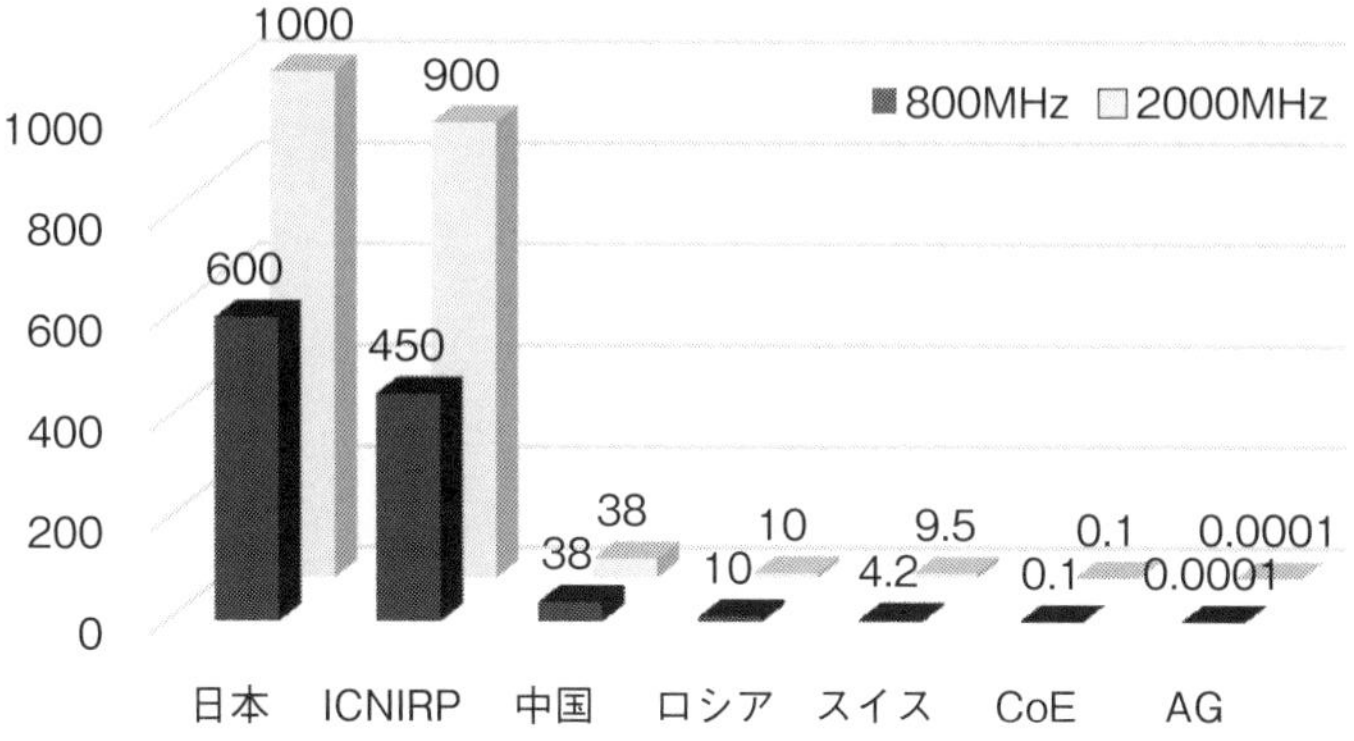

一方、国際非電離放射線防護委員会（ＩＣＮＩＲＰ、国際放射線学会の一部門）は、八〇〇MHz帯は四五〇μW／㎠、二GHz帯は九〇〇μW／㎠を上限値とするガイドライン発表していますが、日本はＩＣＮＩＲＰを大きく上回っていることになります（図８）。

ロシアは無線周波数帯について一〇μW／㎠で、日本の一〇〇分の一という値です。ロシアなど旧共産圏は、古くから電磁波を軍事利用するために研究してきた歴史があり、冷戦時代から西側諸国よりはるかに厳しい規制を行ってきました。ウクライナはロシアより厳しい二・五μW／㎠という基準を採用しています。

欧州諸国もかつてはＩＣＮＩＲＰに準じている国が多かったのですが、携帯電話が普及するにつれて健康影響に関する研究が増えてきたので、最新の研究を反映して規制を厳しくする傾向にあります。

欧州評議会（ＣｏＥ）は、欧州諸国を中心に四七カ国が加盟する組織ですが、ＩＣＮＩＲＰなどの現

表10　無線ＬＡＮの周波数帯の特徴

	2.4GHz帯	5GHz帯
最高通信速度	600Mbps	
通信距離	約100m	約70～100m
周波数干渉	干渉源が多く、影響を受けやすい	干渉源が比較的少なく、影響を受けにくい

参考：総務省「教育分野におけるＩＣＴ利活用推進のための情報通信技術面に関するガイドライン（手引書）2013（小学校版）」

在の国際ガイドラインは時代遅れで役に立たないとして、規制値の見直しを行うよう求めています。また暫定的に〇・一μW／㎠、将来的には〇・〇一μW／㎠（日本の一〇万分の一）に規制するよう、加盟国に勧告しました。

オーストリア医師会は、電磁波に関する健康相談が近年増えているため、独自の診断治療ガイドラインと被曝ガイドラインを二〇一二年につくりました。正常範囲は〇・〇〇〇一μW／㎠（日本の一〇〇〇万分の一）以下で、〇・一μW／㎠以上だと「正常よりはるかに高い」と評価しています。

学校無線ＬＡＮの被曝量はどのくらい？

学校で導入が検討されている周波数帯は、二・四GHz帯か五GHz帯です（表10）。これらは、世界保健機構（ＷＨＯ）の国際がん研究機関（ＩＡＲＣ）が、発がん性の可能性があると認めた無線周波数帯の電磁波です。

環境因子の影響を受けやすく、大人よりも傷つきやすい子どもたちを、発がん性があるかもしれない電磁波に長時間、曝すことになります。

筆者は過敏症のお子さんのいる保護者と一緒に、二・四GHz帯の無線ＬＡＮが設置された学校で、無線周波数帯の電磁波を簡易測定器で測ったことがあります。無線ＬＡＮアクセスポイントのある教室は電力密度（単位面積あたりを通過するエネルギーの量）が〇・〇七八一九μW／㎠（マイクロワット／

図9　無線LANのある教室と無い教室の電力密度

アクセスポイントに近い教室後方で測定。電場を測定し、電力密度に換算した。数値はいずれも最大値。（測定機材：TEC、エレクトロスモッグメーター。測定周波数：30MHz〜3.5GHz）

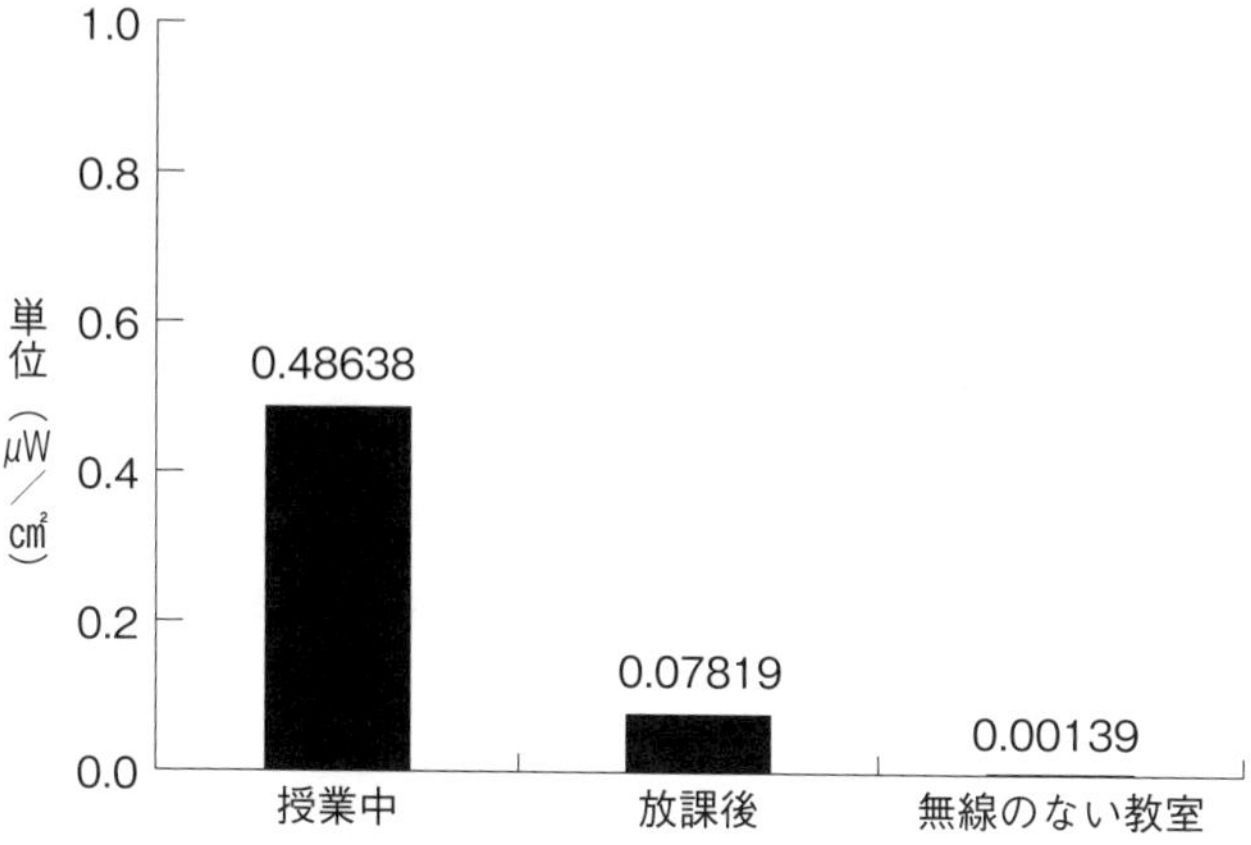

平方センチメートル）、設置されていない教室は〇・〇〇一三九μW／㎠で、設置された教室は約五六倍高くなりました。しかもこれは放課後で、生徒がいない状態での数値です。

ただし、使用した簡易測定器は、五〇MHz〜三・五GHzの無線周波数電磁波を測定しますから、この値は、無線LANの電磁波だけでなく、テレビやラジオ、携帯電話電磁波など、この周波数帯域の総量になります。

無線LANのアクセスポイントは稼働している間、継続的にビーコン信号を発生させます。インターネットにアクセスして、情報をアップロードしたりダウンロードしたりすると、パソコンなどの端末とアクセスポイントの間で電磁波が増えます。

後日、生徒がパソコンを使ってインターネットに接続した授業中に測定すると、電力密度はさらに上がり、放課後の約六倍、無線のない

表11　オーストリア医師会ガイドライン

評価	無線周波数電力密度
正常よりはるかに高い	0.1μW／㎠以上
正常より高い	0.001-0.1μW／㎠
正常よりやや高い	0.0001-0.001μW／㎠
正常範囲内	0.0001μW／㎠以下

参考：オーストリア医師会ガイドライン（2012）

教室の約三五〇倍に達しました（図9）。

オーストリア医師会ガイドラインは、無線周波数電磁波の「正常範囲」を〇・〇〇〇一μW／㎠以下としています（表11）。このガイドラインの評価に当てはめると、無線のない教室と無線アクセスポイントのある放課後の状態でも「正常より高い」で、授業中は「正常よりはるかに高い」ということになります。

また放課後の測定で、教室の場所によって数値が異なることもわかりました。アクセスポイントに一番近い席（廊下側、最後列）では、前述したように〇・〇七八一九μW／㎠でしたが、同じ列で一番前の席や、窓側の席などは約〇・〇二～〇・〇三μW／㎠で、三～四割程度しかなく、アクセスポイントから離れると被曝量も低下することがわかりました。

「正常よりはるかに高い」とされる環境で、子どもたちが長時間学んでも大丈夫なのでしょうか。電磁波による影響として記憶力や集中力の低下も挙げられています。健康面に悪影響があるだけでなく、学習面でもマイナスの影響が出ないか心配です。

諸外国も教育のICT化を推進

教育のICT化は日本だけでなく、世界的な流れです。経済協力開発機構（OECD）が六四カ国（OECD加盟国三四カ国、非加盟国三〇カ国）の一五歳の生徒を対象に二〇一二年に行った学習到達度調査（ＰＩＳＡ調査）では、学校のノートパソコンを利用する生徒の割合が最も高いのは、デンマーク（九一％）、オーストラリア（八九％）、ノルウェー（八七％）、スウェーデン（七五％）でした。

タブレット型パソコンも普及し始め、デンマークでは三五％、ヨルダンでは二九％、シンガポールでは二三％、オーストラリアでは二一％で、五人に一人がタブレットを利用しています。

オーストラリアは一人一台のコンピュータ利用を実現し、世界でも普及率がもっとも高い国です。ちなみに、デンマークとノルウェーは約二人に一台、オランダは二・五人に一台です。このようにノートやタブレットの拡大プログラムを実施した国では、生徒によるコンピュータの利用頻度も高くなる傾向があります。

生徒が学校でインターネットに費やす時間はＯＥＣＤ加盟国平均で一日二十五分ですが、オーストラリアでは約二倍の五十八分、デンマークは四十六分です。一方、日本や韓国、シンガポール、中国、ドイツ、イタリアなど一一カ国の生徒はほとんど学校でインターネットを利用していませんでした。

ＩＣＴ化で学力が低下する？

ＰＩＳＡ調査では、単に学力をテストするのではなく、義務教育が終了する一五歳までに身につけた知識を、実生活で直面するさまざまな問題に活用できるかどうかを調べるのですが、ＩＣＴ化が進んでいるほど得点が下がる傾向が見られました。

図10　デジタル読解力の得点と学校でのコンピュータ利用頻度

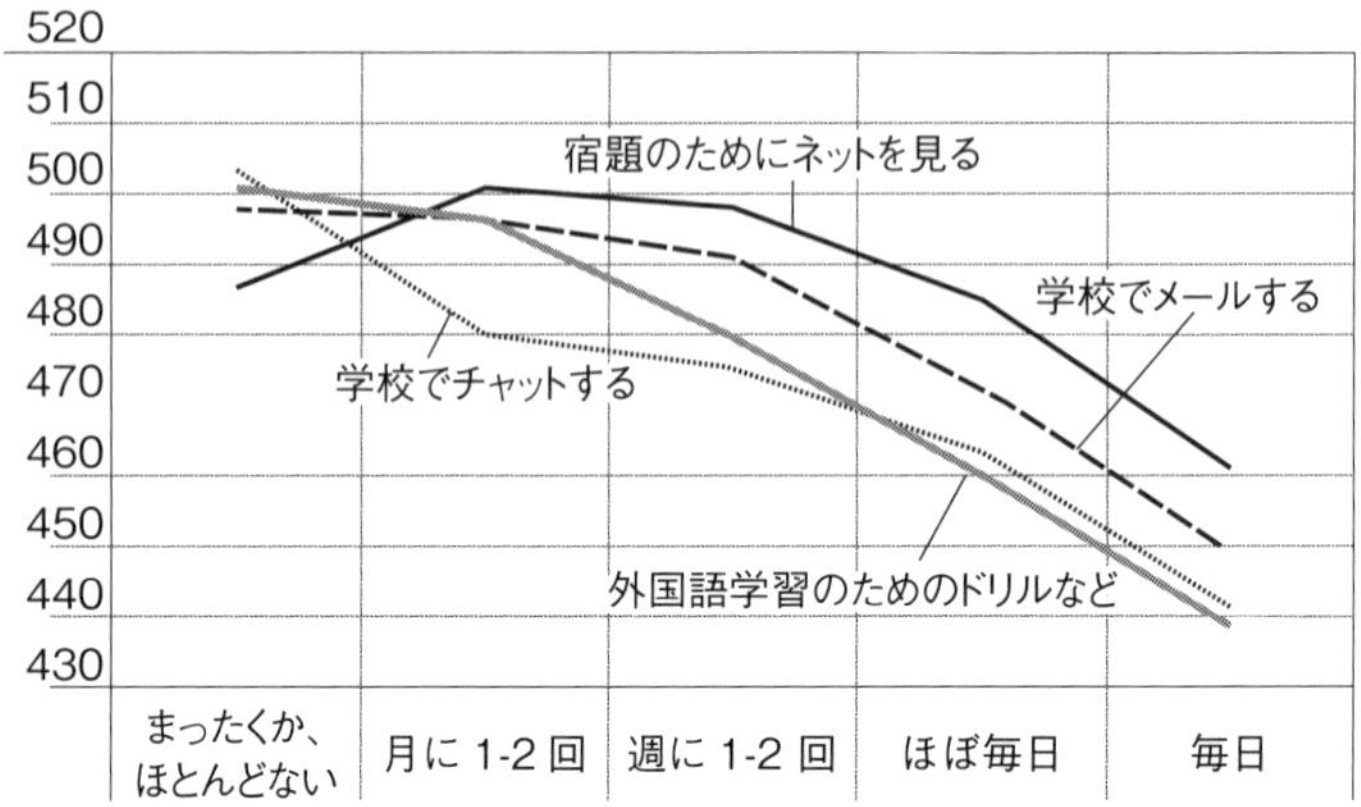

例えば数学の授業でコンピュータを利用する生徒の割合が高い国は得点が低くなり、数学の授業でコンピュータを利用しないフィンランド、日本、韓国、台湾などは得点が高くなりました

電子媒体の文章を理解するデジタル読解力の得点が高かったのは、シンガポール、韓国、香港、日本、カナダで、やはりコンピュータの利用頻度が低い国でした。

インターネットやeメール、学習など校内でのコンピュータの利用頻度と読解力得点を比較すると、もっとも得点が高かったのは「週に一～二回」のグループでした。「ほぼ毎日」や「毎日」のように頻繁に使うほど得点が下がることがわかりました（図10）。

もっとも、メールやチャットなどは、学校のコンピュータではなく、自分のスマホや携帯電話ですませる生徒も相当数いると思われますが、利用頻度が高いと得点が明らかに低下するのは興味深いことです。

これらの結果からOECDは、家庭や学校でコンピュータの利用が増えても成績が上がる可能性は低いと指摘し、「学校で毎日、インターネットを頻繁に見ることは一般的には低い成績と関連する」と述べています。

ＯＥＣＤ加盟国の平均では、生徒が平日にインターネットに費やす時間は二時間でしたが、平日に学校外で六時間以上を費やす生徒は欠席や遅刻、孤立しているリスクがあるという結果も出ました。

ＩＣＴ化で成績が改善しなかったのは、教える側もＩＣＴ学習に慣れていないせいかもしれませんが、電磁波による健康影響も指摘されている上に、学習面での効果が期待できないという結果が出ているなら、急いでＩＣＴ化を進めなくてもいいのではないでしょうか。

アメリカ、マサチューセッツ工科大学のシェリー・タークル博士は、無線通信機器の利用が起こした学校や職場、家庭での変化を調べています。学校のＩＣＴ化によって、授業中にメールをやりとりしたり、テストの問題をスクリーンショットして他のクラスに転送したりする生徒もいると述べています。

学校で支給されるタブレット型パソコンには、一年分のカリキュラムの他にゲームやメール機能も付いており、学習に集中できずに注意力が散漫になり、学力が低下するといった問題も起きています。何かと誘惑の多いパソコンでは宿題をせず、わざわざ紙に印刷している子どももいますし、先生の講義をそのままパソコンに打ち込むだけで、自分の頭で整理してメモを取ることができない大学生がいるなどの弊害も起きているようです。

子どもたちの健康と学習、そして学校で働く教職員にとって最善の環境が何なのかを、今一度考えるべきではないでしょうか。すでに導入した諸外国の事例も参考になるはずです。

参考文献
文部科学省「平成28年度学校における教育の情報化の実態等に関する調査結果（概要）」（二〇一八）
文部科学省「児童生徒の健康に留意してＩＣＴを活用するためのガイドブック」
European Environment Agency. "Late lessons from early warnings. sience, precation, innovation" (2013)
: 541-557
経済協力開発機構（ＯＥＣＤ）編著、国立教育政策研究所監訳「21世紀のＩＣＴ学習環境　生徒・コンピュータ・学習を結びつける」（二〇一六）
シェリー・タークル『一緒にいてもスマホ　ＳＮＳとＴＦＴ』（青土社）

2　各国で起きている健康被害と反対運動

学校無線ＬＡＮによる健康被害や反対運動は各国で起きています。カナダ、トレント大学のマグダ・ハヴァス博士は、オンタリオ州で複数の生徒が心臓障害を訴えていると報告しています。一六歳の女の子は、学校でだけ心臓雑音が起き、頭痛や目眩《めまい》にも悩まされていました。一二歳の少年はひん脈があり、別の一二歳の女の子は吐き気、嘔吐、睡眠傷害、目のかすみ、ひん脈が学校でだけ起きていました。一三歳の男の子は、動悸、睡眠傷害、頭痛に苦しんでいましたが、無線ＬＡＮの入っていない校区へ家族と転居し、症状がなくなったといいます。

また、オンタリオ州では、二年間で、体育の授業中に四人の生徒が心臓突然死（ＳＣＡ）を起こしています。心臓突然死とは、心臓から血液を送り出す心室で心室細動（不整脈）が起きて血液を送り出せなくなり、脳に血液が届かなくなって死に至ることです。これらの生徒のうち二人は蘇生しましたが、カナダでは子どものＳＣＡの発生率は年に約七人なので「狭い地域での四症例は異例である」とハヴァス博士は述べています。

また、心臓の障害「フォルフ・パーキンソン・ホワイト（ＷＰＷ）症候群」を持つ子どもは、七〇〇人に一人の割合でいるそうで、この障害を持つ生徒が運動中にマイクロ波（携帯電話やスマホ、無線ＬＡＮで利用される周波数帯の電磁波）へ被曝すると、心臓にストレスがかかり、上心室でのひん脈につながる可能性がある、といいます。

ハヴァス博士は、デジタル式コードレス電話の親機から発生する周波数二・四GHzの電磁波（無線ＬＡＮで使われる帯域と同じ）に被験者二五人を被曝させ、心拍率の変化を観察する誘発実験を行っています。その実験の電力密度は三μW／㎠で、カナダやアメリカ、日本の指針値（一〇〇〇μW／㎠）の〇・三％にすぎません。

それでも、被験者の四〇％で異常が起き、被曝している間は、脈拍が平常時の二倍以上になった人もいます。心拍率は自律神経が管理していますが、電磁波によって自律神経系に異常が起きた可能性が考えられます。

電磁波過敏症の少女が自殺

イギリスでは、二〇一五年六月、学校無線ＬＡＮが原因で一五歳のジェニー・フライさんが森で首吊り自殺をしました。

ジェニーさんは電磁波過敏症で、電磁波に被曝するとひどい頭痛や倦怠感などに苦しんでいました。自宅では無線ＬＡＮを撤去しましたが、学校にも設置されていたので、ジェニーさんは学校の一定の場所で具合が悪くなる状態が続いていました。

彼女は教室の外に勉強できる場所をみつけましたが、教室に連れ戻され居残りを強要されていました。

母親のデブラさんは、娘が電磁波過敏症であることを伝え、具合が悪くなる部屋で居残りをさせないように求めましたが、耳を貸してくれる教師はわずかだったそうです。校長に無線ＬＡＮの有害性を示す証拠を集めて持っていっても、「電磁波が安全だという証拠も同じくらいある」といって、配慮してくれませんでした。

ジェニーさんの両親は学校を提訴し、保育園や学校から無線ＬＡＮを撤去するよう働きかけるほか、電磁波過敏症の研究をするよう政府に促しています。

イスラエルでは保護者が集団訴訟

イスラエル教育省は二〇一二年に、学校にＬＡＮ環境を整備すると発表し、パブリックコメントを募集しました。電磁波過敏症の子どもがいる保護者らから無線ＬＡＮに反対するコメントが多数寄せられましたが、結局、有線ＬＡＮだけでなく無線ＬＡＮの設置も認め、多くの学校が無線ＬＡＮを導入しました。

そのため、保護者らが教育省、環境保護省、健康省を相手取り、学校無線ＬＡＮの禁止命令を求めて集団訴訟を起こしました。二〇一四年には、イスラエル国会の教育委員会で保護者が証言をし、多くの子どもが頭痛や不眠などに苦しんでいる実態が明らかになりました。

ある保護者は、「私の娘は学校から帰ってくると頭を抱え、バスローブの紐をまいて、頭痛を和らげようとしている。夜中に突然起きて、魂が抜けたように浴室に座りこんでいます。どうやって娘を助けたらいいかわかりません」と証言しました。

残念ながら、裁判では保護者の訴えは認められなかったのですが、提訴された政府はただちに省庁間連携チームを発足させ、学校内の通信設備の問題点の検討を開始しました。

その結果、教育省は二〇一三年八月、有線LANの導入が難しい場合には条件付きで無線LANの設置を認めると発表しました。その条件とは、保育園と幼稚園では無線LANを禁止すること、小学校一～三年生では使用時間を制限すること、教師のいる場所に有線接続用のアクセスポイントを設置して無線を避けられる場合はいつでも利用すること、などです。

さらに、通信設備と端末が導入されたすべての学校では、導入前と後で専門家による無線周波数電磁波の測定が行われます。電磁波のレベルが環境保護省の基準値内かどうか確認するためです。

また、学校無線LANの即時停止と有線への切り替えを二〇一六年に命じたハイファ市のように、独自の取り組みをする自治体も現れました。

フランスは無線LANの設置を規制

フランスでは二〇〇八年から二〇一〇年にかけて、国立図書館を含む五つの公立図書館が無線L

ANを禁止・撤去しています。

二〇一五年、フランスでは子どもを電磁波被曝から守るための対策を盛り込んだ法律が制定され、保育園など三歳以下の子どもが過ごす施設で無線LANアクセスポイントを設置することは禁止されました。小学校に設置されるアクセスポイントは、授業で使うときだけ電源を入れ、使い終わったら電源を切らなくてはいけません。

フランス食品環境労働安全衛生庁（ANSES）は、二〇一六年、子どもの健康と無線周波数被曝に関する報告書を発表し、子どもは形態学的・解剖学的特徴、特に体が小さいことや組織の特徴によって、大人よりも多く被曝する可能性があると警告しています。子どものウェルビーイング（健康で安寧であること）や、記憶力や集中力などの認識機能に影響を与え、眠りや目覚めなどのサイクルを作る「概日リズム」を乱す可能性も認めました。ちなみに、国際がん研究機関（IARC）は、概日リズムをみだすシフト勤務を「おそらく発がん性がある」と分類しています（七六頁、表9）。

そして、子ども達の健康を守れるように被曝限度値を再検討することや、無線通信技術の使用による子どもたちの健康と、学習や家族関係、中毒性などの社会心理的影響を評価することを求めています。また、保護者は子どもたちの夜間の通話を避け、通話の長さと頻度を制限し、携帯電話の適切な使い方を子どもに教えることを勧告しました。

またフランス教育省は、二〇一八年九月から小中学校での携帯電話やスマートフォンの使用を全面的に禁止します。すでに教室内での使用は禁止されていますが、昼休みなど休み時間にも使えなくなります。

教育大臣のジャン＝ミシェル・ブランケールさんは、「休み時間に遊ばないで、スマートフォンの前にいるのは教育上問題だ」と説明しています。多くの生徒が教室でも無線機器を使い続け、メールを送受信していることを示す研究もあり、「スクリーンメディアやスマホによる集中力不足から、生徒を守る方向へ進まなくてはいけない」としています。

ただし、「教育上の目的や緊急時に必要になる可能性」もあるので、使用そのものを禁止するわけではありません。具体的には、携帯電話やスマホを入れる生徒用のロッカーを用意する、と大臣は発表しています。

一方、携帯電話の管理に手間がかかることに反対し、「電源オフにしてバックに入れればいいだけだ」といった反対意見も出ています。

しかし、ブランケール大臣は、「公衆衛生」の観点から「七歳以下の子どもがスクリーンメディアの前にいないことは重要だ」と述べています。

なお、エマニュエル・マクロン大統領は、大統領選に立候補する前に発表したマニフェストでも、校内の携帯電話使用を禁止する意向を示していました。

ドイツも被曝削減に動く

ドイツ連邦放射線防護庁（ＢｆＳ）は、無線周波数電磁波への被曝をできるだけ抑えるよう勧告しており、無線ＬＡＮを避けられる場合、従来の有線ＬＡＮを選ぶよう、二〇〇七年の国会で述べています。

この国会答弁では、イギリスの携帯電話通信と健康に関する研究のリーダーであるロウリー・チャリス博士が同様の勧告を行ったことにも触れ、チャリス博士が、将来研究が行われるまで、子どもたちはパソコンの無線ＬＡＮアンテナから十分に離れるべきだ、と発言したことも紹介しました。

ＢｆＳは子どもの身体に吸収される電磁波の量を調べる研究を行い、電磁波被曝を減らすための情報提供や、電話通信の無線周波数電磁波を最小限にするための研究も行っています。

フランクフルト市は二〇〇六年に、バイエルン州は二〇〇七年に学校での無線ＬＡＮを禁止しています。

有線を推進する自治体も登場

アメリカのメリーランド州の諮問委員会では、メリーランド大学公衆衛生学部の文献調査や、ジョンズホプキンス大学の協力で、無線周波数電磁波のリスクを評価し、学校には有線ＬＡＮを設置するよう求める勧告を二〇一六年に発表しました。州政府が学校のＬＡＮについて勧告を出すのは、アメリカではこれが初めてです。

メリーランド大学は無線周波数電磁波に関する文献を調査した結果、電磁波の影響についてはまだ論争があるものの、長期間被曝した場合の健康影響に関する研究がまだ存在せず、長期被曝の影響が明らかになっていないことを指摘しました。

アメリカ国内で販売されている無線通信機器は同国の基準を満たしていますし、一般的な無線ＬＡＮと最悪の場合を想定した被曝値は、同国の指針値以下でした。しかし、アメリカの指針値（日本と同じ値）は、二〇年以上前につくられていて、最新の研究を反映していない上に、もっとも傷つきやすい集団である子どもたちを考慮していないと批判しています。

「無線に接続した教室は生徒と教師にとって非常に便利だが、将来起きるかもしれない健康問題と交換するほどの価値はないだろう」と結論付けました。

アメリカでは連邦通信委員会（ＦＣＣ）が電磁波の指針値を出していますが、諮問委員会は、アメリカ小児科学アカデミーなど幾つかの団体が被曝基準の見直しをＦＣＣに求めてきたことに言及し、メリーランド州衛生局が指針値の見直しを公式にＦＣＣへ陳情するよう求めています。

また、具体的な無線ＬＡＮ対策として次のような対応を求めました。

(1) 無線ＬＡＮのある教室では、電源を切れるようにすること。有線ＬＡＮは、安定して信頼性のあるネットワークを供給することができる。

(2) 教室を新設する場合や電気的な工事を既存の教室に行う場合は、有線ＬＡＮケーブルを加えることができる。

(3) 子どもたちは膝の上ではなく、机の上にパソコンをおくこと（体から離して机の上に置くことで、少しでも被曝を減らすため）。

(4) 使わない時にアクセスポイントの電源を切る。

(5) 使わない時に無線ＬＡＮを切るよう、子どもに教える。

(6) アクセスポイントを出来るだけ生徒から離れた場所に設置する。

(7) この報告書を教師と保護者の間で共有する。

原則として有線ＬＡＮにすること、そして無線ＬＡＮでも上記のような対応をとって子どもたちや教職員への影響を最小限にすることは健康を守る上で重要です。保護者との情報共有や子どもたちに電源を切ることの必要性を教えるのも、情報共有とリスク管理の点で重要な視点です。

欧州評議会（ＣｏＥ）も、子どもや若者の被曝を避けるために合理的な対策をとること、子どもや保護者、教師を対象に無線通信機器のリスクを伝えるキャンペーンを行うこと、校内では携帯電話の使用を禁止し、学校には無線ＬＡＮではなく有線ＬＡＮを導入すること、電磁波過敏症の人に注意を払い、電磁波のないエリアを作るなどの対策を行うことなどを、加盟四七カ国に対して二〇一一年に勧告しています。

日本は教育に予算をつけない国なので、ＩＣＴ化は諸外国よりも大きく遅れています。すでに導入した国々で問題が明らかになり、有線ＬＡＮが見直されているのですから、諸外国の経験から学んで、安全に通信機器を利用できるように、検討するべきです。

参考文献

Magda Havas. Rev Environ Health 2013;28（2-3）:75-84
ミラー紙（電子版）ウェブサイト、二〇一五年一一月二〇日付
テレグラフ紙（電子版）二〇一七年一二月一一日付
イスラエル非電離放射線情報センター（https://www.tnuda.org.il/en/）
Arthur Firstenberg, 訴状、ニューメキシコ州控訴裁判所、No.32549（2014）
ANSES Press Release"Exposure of children to radiofrequencies: a call for moderate and supervised use

of wireless technologies"（2016）
ANSES Opinion Request No.2012-SA-0091（2016）
Deutscher Bundestag Druksache16/6117（23.07.2007）
Maryland Children's Enviranmental Health and Protection Advisory Council "WiFi radiation in schools in Maryland Final report"（2016）

3　子どもと携帯電話・スマホの電磁波

日本では成人の四四・八％が不眠を発症しているといわれ、ほぼ二人に一人が睡眠に関する問題を持っていることになります。十分に眠ることができないと、昼間に眠気に襲われたり、集中力が低下し、日常生活に支障が出たり、事故につながる可能性もあります。

例えば、一九七九年に起きたスリーマイル島の原子力発電施設の事故や、一九八六年のスペースシャトルチャレンジャー号の爆発事故も、睡眠不足が一因になった可能性が指摘されています。

近年は携帯電話やスマートフォンなどの電子メディアの利用と睡眠障害の関連性も調査されています。子ども時代の睡眠障害は、座りっぱなしの習慣がつくことや肥満、免疫力の減少、成長阻害、うつ病や自殺傾向が高まる可能性があります。日常生活にも影響を与え、学校での成績悪化や行動問題、集中力の低下などにつながると指摘されています。

これらの電子機器は、なぜ睡眠に悪影響を与えるのでしょうか。それには幾つかの異なる経路が考えられています。

一つは、機器の操作に時間を費やすせいで、単純に睡眠時間が減少するという経路です。次に、動画やゲームなどのコンテンツが精神的に興奮を与え、眠気を奪うことが考えられます。

また、ディスプレイから発生する光が、睡眠や覚醒、血圧やホルモン分泌の調整に関わる概日リズムを狂わせることや、通信に使われる無線周波数電磁波の影響で睡眠を促すホルモン「メラトニン」の分泌が抑制されたり、自律神経が乱されることなども睡眠障害につながる可能性があります。

子どもや若者の睡眠障害

アメリカでは、一八〜二九歳の若者の八三％がスマートフォンを所有し、子どもの七二％と青年の八九％は、寝室に少なくとも一つの電子デバイスを持ち込んで、就寝時間近くまで操作しているというデータもあります。

アメリカのベン・カーター博士らは二〇一一年一月から二〇一五年六月にかけて発表された文献を精査し、就寝前に電子機器を使うことは睡眠に有害な影響を与える、と報告しました。

夜に電子機器を利用した子どもの場合、眠りが不十分になるリスクは一・七九倍、睡眠の質が劣化するリスクが一・五三倍、日中に過剰な眠気に襲われるリスクは二・二七倍になりました。カーター博士らは、教師や健康管理の専門家、保護者が協力して電子機器の利用を最小限にする必要がある、と警告しています。

オランダ、ユトレヒト大学のアンケ・フス博士らは、七歳の子どもを対象に学校や自宅の電磁波

図11　携帯電話とスマートフォンの所有率（家にあり、自分でも使っている回答者）

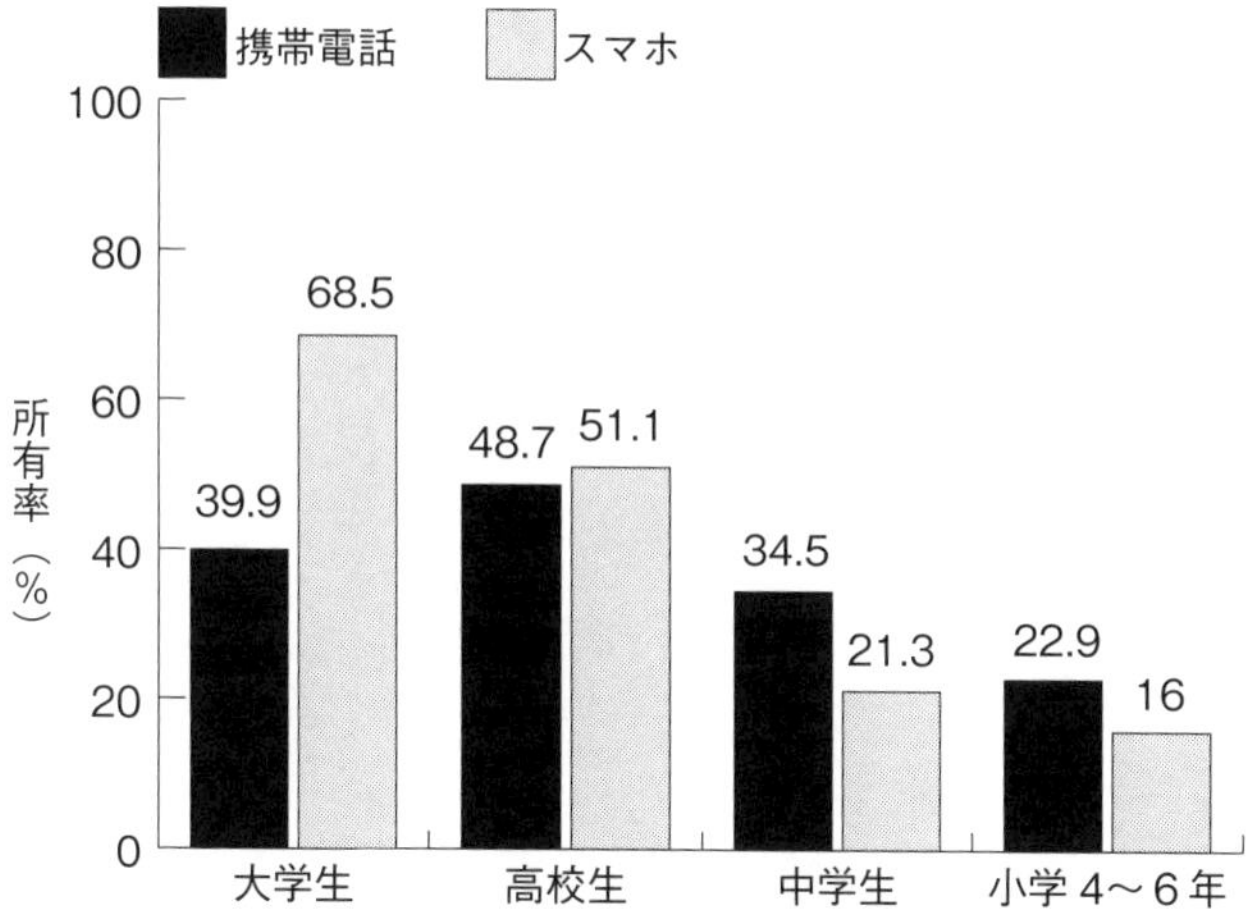

出典：総務省「スマートフォン利用と依存傾向」（2013）より改変

被曝量や携帯電話の使用が、睡眠障害に影響を与えているかどうかを調べました。

すると、携帯電話基地局から発生する無線周波数電磁波への被曝量が高いと、子どもたちの睡眠時間は短くなる、という結果が出ました。

また、五歳の時に携帯電話をたくさん使っていた子どもは寝つきが悪く、睡眠時の異常行動と夜間覚醒が多いことがわかりました。

子どもの睡眠の質を改善するには、携帯電話などの無線機器の使用を制限した方が良さそうです。

心の健康にも影響

総務省の「スマートフォン利用と依存傾向」によると、日本では二〇一三年時点で小学校高学年の一六・〇%、中学生の二一・三%、高校生の五一・一%、大学生の六八・五

％がスマートフォンを持っていました（図11）。

また、スマホ利用者は、ソーシャルネットワークや動画などを利用し、平均使用時間も長いという結果が出ました。ネット利用が増え、テレビの視聴や睡眠・勉強時間が減少し、人間関係や健康状態の悪化、引きこもりになるなど生活の上でさまざまな問題が起きていることが明らかになりました。

東京大学の研究チームが、中学生と高校生一万七九二〇人を対象に行ったアンケート調査では、消灯後に携帯電話を使う子どもは自殺願望や自傷行為を起こす率が高くなるという結果が示されました。

消灯後に「ほとんど毎日使う」人は、使わない人に比べて、心の健康が良好ではないリスクが一・五四倍高くなり、自傷行為を経験するリスクが一・七五倍高くなりました。女子生徒は男子生徒よりも頻繁に携帯電話を使い、自殺願望と自傷行為の有病率は男子よりも高くなりました。

新潟青陵大学大学院の池田かよ子博士らは、新潟の高校生二七八五人を対象に、携帯電話の使用状況と気分の関連性を調査しました。対象人数のうち九九・三％が携帯電話を持ち、そのうち四七・二％は中学生の頃から所有していました。一週間あたりの平均使用時間は二四時間でした。

なお、女子生徒や運動部に入っていない生徒、早くから携帯電話を使い始めた生徒は、長時間、携帯電話を利用する傾向がありました。

長時間使う高校生は、うつや疲労感、興奮と緊張のスコアが高くなりました。日本の若者の約六％はうつ病を発症していると推計されていますが、平日の五日間で二一時間以上携帯電話を使うことは、うつ気分の増加に関わるので、「携帯電話の使用を減らすことは長時間利用者の適切な心の健康を維持するのに役立つかもしれない」と述べています。

妊娠中の被曝で偏頭痛増加

カリフォルニア大学のマドゥーリ・スーダン博士らは、デンマークの子ども五万二六八〇人を対象に追跡調査を行いました。妊娠中の母親の生活スタイルや環境因子への曝露状況などを調べ、子どもが七歳になった時点で、健康問題や生活習慣に関するアンケートを行いました。

すると生まれる前から、母親が使う携帯電話電磁波に被曝していた子どもは三九％で、七歳の時点で携帯電話を使っていた子どもは三六％いました。生まれる前も生まれた後も携帯電話電磁波に被曝した子どもは、被曝していない子どもに比べて、七歳の時点で偏頭痛になるリスクが一・三〇倍、その他の頭痛に関わる症状が一・三二倍高くなりました。

出生前だけ被曝した子どもが頭痛関連症状を持つリスクは一・一六倍、出産後のみの被曝だと一・二八倍で若干低くなりました。

妊娠中、一日に七回以上携帯電話を使うと、子どもが偏頭痛を発症するリスクは一・八九倍、頭痛関連の症状を持つリスクは一・二六倍高くなり、使用増加と頭痛の間に関連性が見られました。

また、母親が妊娠期間中にハンズフリー装置を頻繁に使うと、子どもが偏頭痛になるリスクが一・八二倍高くなりました。ハンズフリー装置で通話をすると、妊婦の頭部では被曝量が下がりますが、腹部の近くに携帯電話があった場合は胎児の被曝量を高めるかもしれない、とスーダン博士らは述べています。

妊娠中や出産後に母親が携帯電話を使うと、子どもが発達障害になるリスクは一・五倍、出産前だけだと一・四倍、出産後のみだと一・二倍高くなるという研究もあります。

妊娠中や子育て中のお母さん方に、携帯電話電磁波の影響を伝え、子どもを被曝から守る必要がありそうです。

電磁波被曝でアレルギー反応も増える

スウェーデン、カロリンスカ研究所のオーレ・ヨハンソン博士は、電磁波過敏症発症者の皮膚の上皮細胞では、アレルギー反応を引き起こすマスト細胞が劇的に増加すると報告しています。

マスト細胞が活性化すると、かゆみや痛みなどを起こすヒスタミンなど、さまざまな媒介物が放出され、アレルギー性過敏性、かゆみ、局所的な紅斑につながります。

マスト細胞は心臓組織や抹消神経系、中枢神経系の神経細胞の近くにも存在し、神経の炎症や、脳細胞に有害な化学物質が侵入するのを防ぐ脳血流関門（ＢＢＢ）にも影響を与えます。

電磁波への被曝は免疫系の過剰反応を引き起こし、免疫細胞の形態学的変化や、表皮でのマスト細胞の著しい増加、がん細胞やウィルスに感染した細胞を殺すナチュラルキラー細胞数の減少、ウィルスなど異質な細胞を攻撃するＴ細胞数の減少を引き起こし、細胞や組織、器官の損傷につながると考えられています。

ヨハンソン博士は、電磁波への被曝が長期間続くと「免疫機能不全、慢性的なアレルギーや炎症反応、健康障害につながる可能性がある」と警告しています。

日本では国民の二人に一人が何らかのアレルギー疾患を持ち、発症者は増加傾向にあります。厚生労働省によると、喘息の有病率は幼稚園児で一九・九％、六～七歳で一三・八％、一三～一四歳で八・三％でした。小児のアトピー性皮膚炎は一二％、食物アレルギーの乳幼児は五～一〇％、花粉症を含むアレルギー性鼻炎は四七・二％です。

アレルギー症状を緩和・予防するためにも、電磁波対策が必要ではないでしょうか。

世界的に増える若者のがん

アメリカ、マサチューセッツ大学のジェシカ・バーカマー博士らは、一五～一九歳の若者のがん発症率が増加傾向にあると報告しました。原因は不明としながらも、年間で男性は〇・六七％、女性は〇・六二％増えており、一九七五年と比べると三八年間で二五％以上増えている、と報告しています。

年間の発症率がとくに高かったのは、悪性リンパ腫（免疫機能に関わる白血球の一種、リンパ球ががん化した病気）の一つである非ホジキンリンパ腫（男性一・三八％、女性二・一六％）、甲状腺がん（男性一・五九％、女性二・一二％）、睾丸がん一・五五％でした。

日本でもがん発症者数は増えており、二〇一二年の発症者数は一九八五年の約二・五倍に増えています。とくに前立腺がんは、二〇〇〇年代に入ってから急増し、アメリカで増えている悪性リンパ腫も、男女ともに増加傾向にあります（図12）。

前立腺は男性の膀胱の下に位置し、精液に含まれる前立腺液をつくる臓器です。がんが増加する背景には化学的汚染の増加やストレス、食習慣、免疫力の低下などが考えられます。男性はズボンのポケットに携帯電話を入れていることが多いですが、携帯電話の電磁波が前立腺や睾丸のがんに影響を与えている可能性はないでしょうか。

スウェーデンの五四二人の睾丸がん患者を対象にした調査では、ズボンのポケットに携帯電話を待ち受け状態で入れていると発症リスクが一・八倍高くなるという報告があります。

また、カナダの警察官は、自動車がスピード違反をしていないか調べるレーダー・ガンを腰に装着していますが、オンタリオ州で約二万二〇〇〇人の警察官を対象にした調査では、睾丸がんの発症リスクが一・三倍、悪性黒色腫は一・四五倍高いという報告もあります。

無線周波数電磁波は、活性酸素をつくりだし細胞に酸化ストレスを生じさせ、DNAを傷つけ、細胞の成長や増殖を抑制することが動物実験や細胞実験で報告されています。

さらに松果体でつくられるメラトニン（睡眠や免疫に関わるホルモン）を減少させ、精子の運動能力や妊娠能力を低下させ細胞死を増やすことが各国で報告されています。携帯電話の利用者増加と睾丸がんの間に関連がないかどうか、調査する必要がありそうです。

携帯電話とスマートフォンの注意事項

ウィーン医師会は二〇〇五年に、携帯電話使用に関する一〇項目のルールを発表し、病院の待合室に貼り、電源オフを呼びかけています。そのなかで携帯電話の電磁波が男性の生殖機能に影響を与える可能性を示唆しています。

ウィーン医師会のルールは次の通りです。

・原則として携帯電話の使用はできるだけ少なく、簡潔にすること。一六歳以下の子どもとティーンエイジャーは絶対に使うべきではない。

・通話中に、絶対に頭の近くに持っていかないこと。

・絶対に車内で使わないこと（自動車、バス、電車……電磁波が高くなる）。

図12　がん発症者数の推移

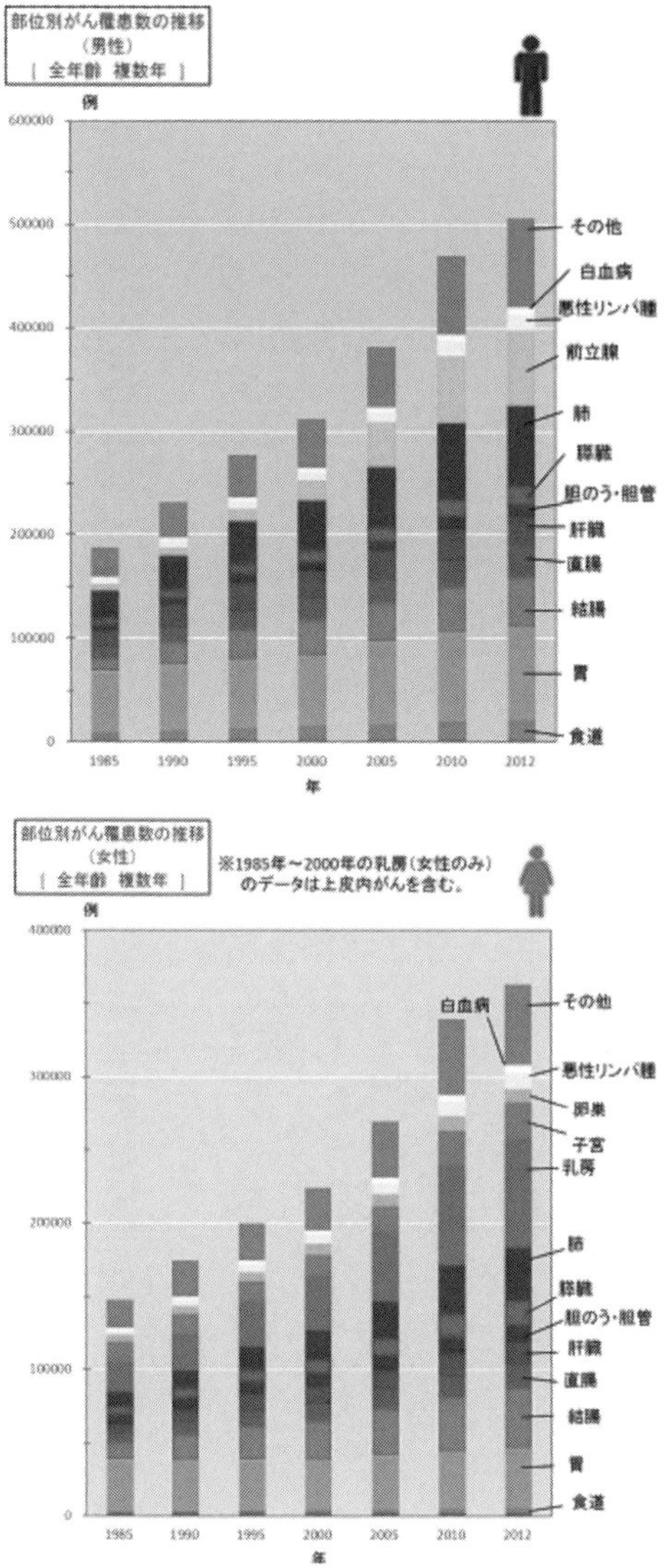

出典：国立がん研究センター（https://ganjoho.jp/reg_stat/statistics/stat/annual.html）

・メールを送信するときは、体からできるだけ離すこと。
・周囲の人を被曝させないよう、通話中は他の人から数メートル離れること。
・絶対にポケットに携帯電話を入れないこと、電磁波は男性の生殖能力に影響を与えるかもしれない。
・夜間は携帯電話の電源を切り、頭の近くに絶対に置かないこと。
・ゲームをするために携帯電話を絶対に使わないこと。
・ヘッドセットは安全ではないかもしれない。ケーブルが電磁波を誘導する可能性がある。
・あらゆる無線ネットワーク、ローカルネットワーク（ＬＡＮ）、Ｗｉ－Ｆｉや携帯電話は高レベルの電磁波をつくりだす。

また、環境医学ヨーロッパアカデミーの電磁波ワーキンググループは、無線周波数電磁波への被曝を防ぐ対策として、通話時間をできるだけ短くしたり、ハンズフリーを利用すること、携帯電話やスマホを身につけないことなどを勧めています。

携帯電話やスマートフォンをできるだけ「機内モード」にしておき、モバイル・データ、Ｗｉ－Ｆｉ（無線ＬＡＮの規格）、Ｂｌｕｅｔｏｏｔｈ（二・四GHzを使った近距離無線通信）、ニア・フィールド・コミュニケーション（一三・五六MHzを使った近距離無線通信）の機能を停止するよう推奨しています。

家庭用のデジタル式コードレス電話も電磁波の発生源になりますから、「親機のプラグを抜いて」、「むしろ〝従来の〟固定電話」を使うようを勧めています。

さらに、Ｗｉ‐Ｆｉルーターやアクセスポイントへの電力供給を止め、有線ＬＡＮを利用すること、「家庭や職場、車内で無線周波数電磁波（例：無線式のヘッドセット、ベビーモニター、コンピューターゲーム、プリンター、キーボード、マウス、家庭用セキュリティシステム）への被曝を避ける」ように示しています。

携帯電話の電磁波で前立腺がんなどが増えるのか立証されるまでには、まだ時間がかかるでしょうが、予防として、ズボンのポケットに携帯電話やスマホを入れないよう、子どもたちに伝えてはどうでしょうか。病気になってから後悔しても遅いのです。

参考文献

厚生労働省「健康づくりのための睡眠指針２０１４」
Carter et al. JAMA Pediatrics.（2016）：E1-E7 Huss et al. PLOS ONE.（2015）
Oshima et al. journal of Pediatric Psychology（2012）37（9）：1023-1030
Ikeda & Nakamura. Environ Health Prev Med.（2014）19:187-193
Sudan et al. Open Pediatr Med Journal.（2012）6:46-52
Divan et al. J epidemiol Community Health.（2012）66（6）:524-529
Johansson, Pathophysiology.（2009）16（2-3）157-177
厚生労働省健康局「アレルギー疾患の現状等」（平成二八年二月三日付）
Burkhamer et al. PLOS ONE.（2017）
Yakymenko et al. Experimentary Oncology.（2011）33（2）:62-70
Belyaev et al. Rev Environ Health（2016）31（3）363-397

4　屋外にある無線周波数電磁波の発生源

校内に無線LANがなくても、学校の近くに携帯電話基地局などの無線設備があるせいで被曝量が高くなることもあります。

宮崎県にある保育園では、約六〇メートル先と、約一二〇メートル先に携帯電話基地局があり、電力密度が屋上で一七・六μW／㎠、園庭で八・五μW／㎠ありました。この保育園では園庭で遊ぶ三～五歳児の間で鼻血を出す子どもが増えました。

福岡県の小学校でも、校舎から約一〇〇メートル先に携帯電話基地局が建ってから、子どもたちがイライラや、体のだるさ、朝起きられないなどの体調不良を訴えるようになりました。基地局に面した窓に、電磁波遮蔽フィルムを貼ったところ、電力密度が一〇分の一になり、症状も改善していま す。（いずれも拙著『電磁波による健康被害』緑風出版で詳述）

また、北海道のある中学校には、化学物質過敏症で電磁波にも敏感な生徒がおり、進級とともに、上層階に移動することになっていましたが、敷地に隣接して警察署があり、警察無線の影響で体調を崩すおそれがありました。

測定すると、警察署に面した棟では階を上がるごとに、窓際の席での電力密度が上昇し、二階は一階の約一〇倍、三階は一階の約四一〇倍になりました。一方、廊下側の席では大きな変化がありませんでした（表12）。

表12　北海道の中学校での電磁波測定結果

測定場所	窓側の電力密度（μW／㎠）		廊下側の電力密度（μW／㎠）	
1階（警察署側）	0.000023	—	0.000019	—
2階（警察署側）	0.000236	（10倍）	0.000064	（3倍）
3階（警察署側）	0.009430	（410倍）	0.000057	（3倍）
3階（携帯電話基地局側）	0.023567	（1042倍）	0.000647	（34倍）

電場を測定し、電力密度に換算した。数値はいずれも最大値。

測定機材：TEC、エレクトロスモッグメーター。測定周波数：30MHz〜3.5GHz

当該警察署の無線周波数：155 MHz ,362 MHz（警察無線の周波数は「周波数帳2008」三オブックスを参考にした）

警察署に面していない棟でも測ってみましたが、約二〇〇メートル先に携帯電話基地局の付いたマンションがあったため、警察署に面した一階の教室より約一〇〇〇倍高くなりました。

本来は学校全体で電磁波対策をするべきですが、学校側はこの過敏症の生徒にのみ配慮して、この生徒の学年全体が、進級しても上の階に移動しないことになりました。しかしその後、この中学校には、化学物質過敏症の新一年生と電磁波過敏症と化学物質過敏症を発症した転校生が通うことになり、全学年に過敏症の生徒が在籍しています。

導入が進むスマートメーター

現在、全国の電力会社は電力使用量などの情報を、無線周波数電磁波（九二〇MHz帯）で送受信するスマートメーターの設置を推進しています。しかし、通学中にスマートメーターを設置した家の前を通ると体調が悪くなる、という子どももいます（第5章）。

従来の電力メーター（アナログメーター）は、毎月検針員が来ていましたが、スマートメーターになれば検針員の人件費を削減できるので、電力会社にとっては大きなメリットがあるわけです。

導入が進んだ諸外国では、電磁波過敏症のように頭痛や不眠、動悸、めまいなどの症状を訴える人が増えています。

例えば、オーストリア、ヴィクトリア州では、スマートメーター設置後に体調不良を起こした住民が九二人います。主な症状は、不眠（四八％）、頭痛（四五％）、耳鳴り（三三％）、倦怠感（三一％）、認識障害（三〇％）が報告されていますが、もともと電磁波過敏症だった住民は八％だけでした。ほとんどの人は、健康だったのにスマートメーター設置後、電磁波過敏症のような症状が起きたことになります。

消費者庁の事故情報データバンクシステムで、スマートメーターに関する事故情報を調べると三一件ヒットしました（二〇一八年四月一四日検索）。そのうち、健康被害の訴えは一九件（六一・三％）、健康不安が一件（三・二％）、スマートメーターからの出火が一〇件（三二・三％）、その他一件（三・二％）でした。なお健康被害を訴えた一九件のうち二件で、電子機器の異常も起きていました（図13）。

スマートメーターから発生する無線周波数電磁波は、国際がん研究機関（ＩＡＲＣ）が、発がん性の可能性があるかもしれないと分類した帯域です。アメリカやカナダでもスマートメーターから出火する電気火災が発生し、死亡者も出ています。

政府は二〇二〇年代早期に全ての家庭にスマートメーターを設置する方針ですが、子どもたちが安心して暮らせる環境を作るためにも、世界的に問題を起こしているスマートメーターは停止し、安全性を調査すべきです。

スマートメーター設置で節電効果があると宣伝されていますが、ドイツの試算では節電効果はわ

図13　スマートメーターに関する事故情報とその内訳（%）

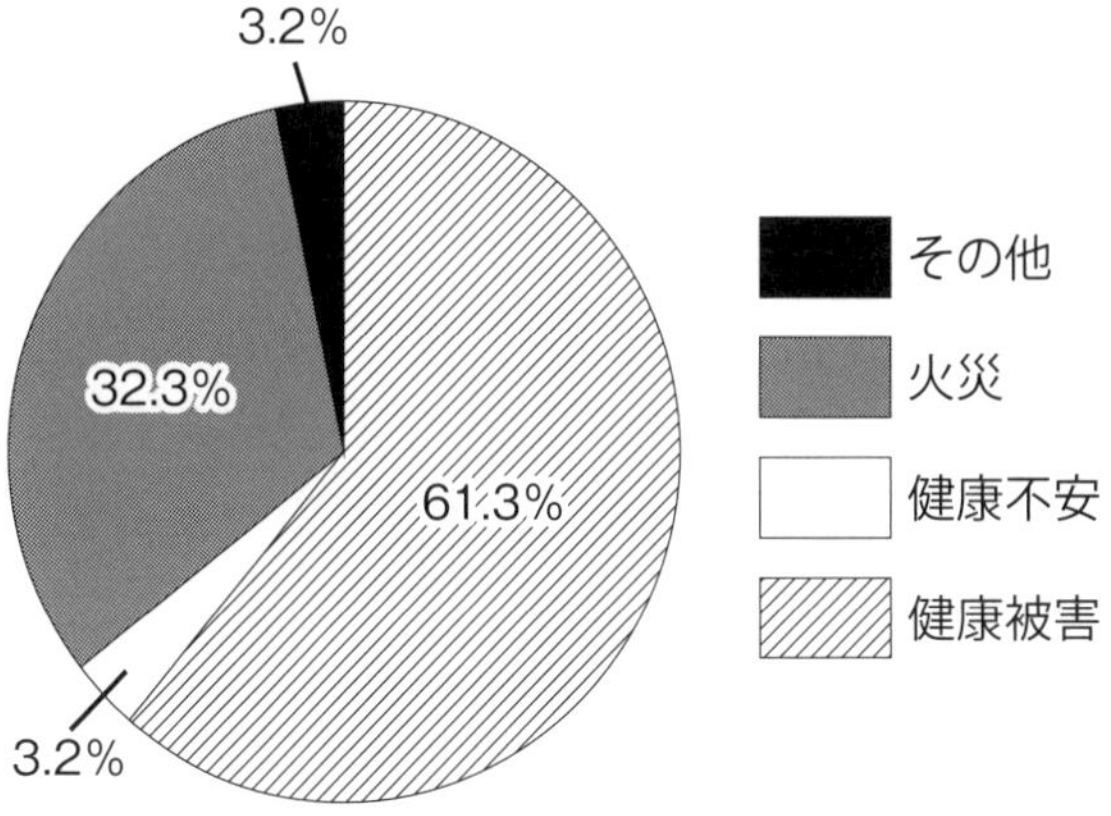

事故情報データバンクシステムで検索

ずかしかなく、アメリカのマサチューセッツ州の試算でも一家庭当たり二〇年間で一〇〇〇円程度の節電効果しか望めないと報告されています。

電力会社に言えば、従来型のアナログメーターを設置してもらえます。東京電力の場合は、アナログメーターを希望しても通信ユニットを外したスマートメーターを設置されるのが一般的ですが、現在ついているアナログメーターを維持しようと交渉中の人もいます。

ただし、メーターの交換は計量法で一〇年ごとに行うことになっていますので、一〇年先、二〇年先の交換時期にアナログメーターが入手できるかどうかはわかりません。電磁波過敏症発症者にとっては、アナログメーターの維持は死活問題なので、今後も製造され、利用できるようにしてほしいものです。

参考文献

Lamech, Alternative Therapies in Health and Medicine.

表13　第5世代移動通信で目指している性能と用途

性能	概要	用途
超高速	現在のシステムより100倍速いブロードバンドサービス	・2時間の映画を3秒でダウンロード
調低遅延	通信による遅延は1ミリ秒程度。タイムラグを気にせずに、遠隔操作できる	・自動車の自動運転 ・ロボットや工事用車両の遠隔操作
多数同時接続	スマホ、パソコンなど身の回りのあらゆる機器をネットに接続できる	・家の中で端末やセンサー100個を接続できる ・スマートメーター、監視カメラも接続し管理

(2014) :20 (6) :28-39

子どもたちの電磁波被曝量は今後、ますます増える見込みです。

5　二〇二〇年から第5世代移動通信開始

一九八〇年代に携帯電話が登場してから、通信方式は一〇年ごとに世代交代をしてきました。第1世代（1G）携帯電話は通話するだけでしたが、九〇年代に始まった第2世代（2G）ではメールもできるようになり、二〇〇〇年代の第3世代（3G）では写真を撮ったり、動画を見たりすることもできるようになりました。現在は第4世代（4G）が利用され、3Gよりも大量の情報を、さらに短い時間で送受信できるようになっています。

二〇二〇年からは第5世代（5G）が始まる予定ですが、さらに大容量のデータを送れるようになり、リアルタイムで機器を遠隔操作したり、一平方キロメートルあたり一〇〇万台の無線通信機器を同時に接続できるようになります。

今までの無線通信は、携帯電話やスマホ、タブレット端末への接続が中心でしたが、5Gでは、自動車や産業機器、ホームセキュリ

図14　５Ｇ通信のイメージ

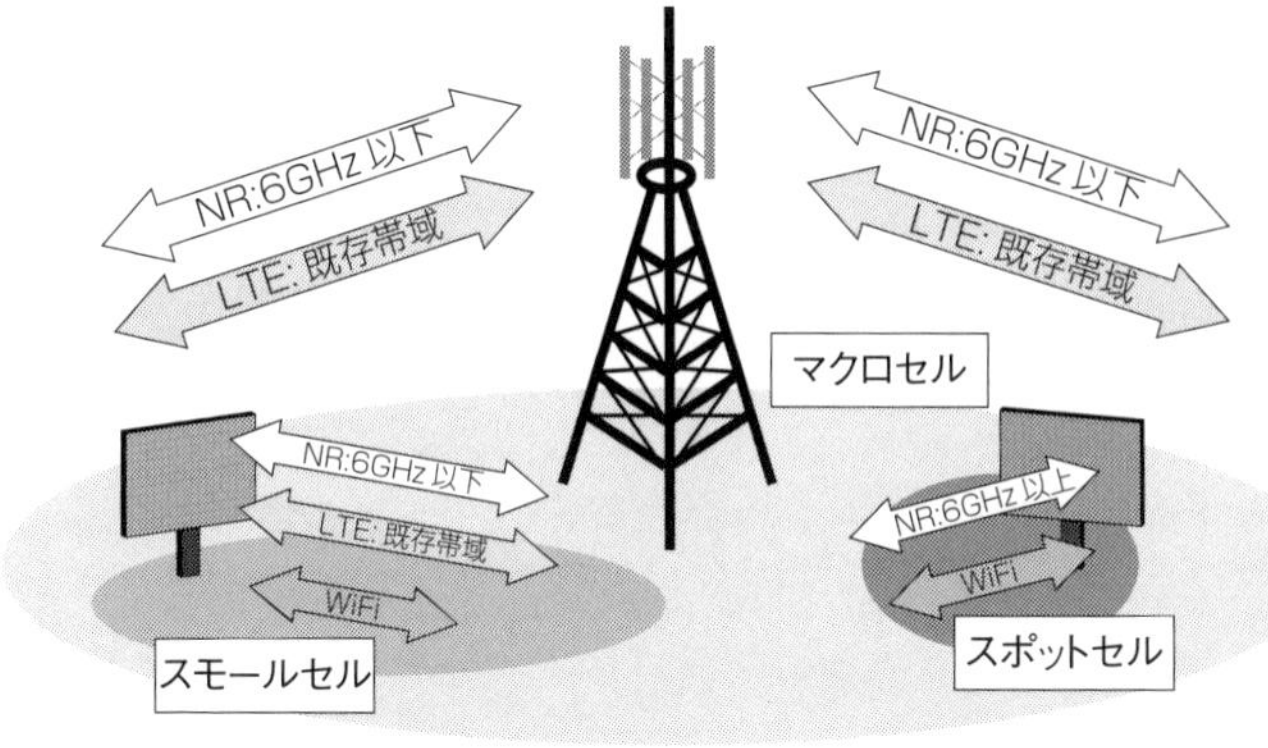

（出典：総務省「次世代モバイル通信システム委員会報告（案）」）

ティ、監視カメラ、スマートメーターなど幅広い分野での利用が考えられています（表13）。

５Ｇでは、いままで無線通信に利用されていなかった、周波数帯の電磁波が利用されます。現在利用されている４Ｇでは、三・五GHz帯を利用していますが、５Ｇでは、三・六〜四・九GHzと二七・五〜二九・五GHz、二四・二五〜八六GHzの帯域が候補になっています。

５Ｇでは、広いエリアをカバーする（マクロセル、図14）のに既存のＬＴＥ（４Ｇ）と六GHz以下の帯域を使い、超高速通信が可能なスモールセルでは５Ｇ（六GHz以下やＬＴＥ）やＷｉ‐Ｆｉ（無線ＬＡＮの規格の一つ）を利用し、さらにカバーエリアの小さいスポットセルでは、六GHz以上またはＷｉ‐Ｆｉを使うことが考えられています。

このように非常に高い周波数帯も使われる予定ですが、周波数が高くなるほど電磁波はまっすぐに飛ぶ性質が強くなり、障害物によって簡単に反射されたり届かなくなったりします。

５Ｇでは、スモールセルやスポットセル用にカバー

図15　NTTドコモが開発するマンホール型基地局のイメージ

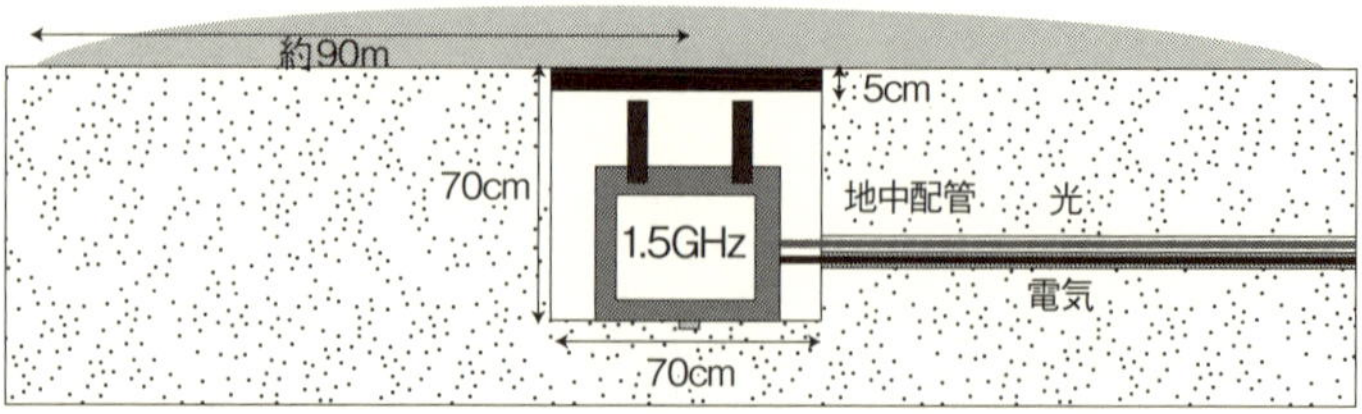

地下約70センチの深さに基地局を埋設し、樹脂製のマンホール蓋で覆う。
出典：NTT ドコモ報道資料
（https://www.nttdocomo.co.jp/info/news_release/2018/04/11_00.html）

エリアの小さい基地局がたくさん必要になりますから、NTTドコモは、マンホール型基地局を開発し、二〇一八年三月から全国各地で実証実験を進めています。

基地局は地下約七〇センチの深さに設置し、半径九〇メートルをカバーします。金属は電波を反射するので、樹脂製の蓋を使います（図15）。

これまで携帯電話基地局は、ビルや鉄塔の上に設置されてきました。自治体によっては、中高層建築物規制条例の対象として地域住民へ建設計画を周知するように求め、住民が知らないうちに基地局が設置されるのを防いできました。しかし、地下に設置される場合は想定されていなかったので、新たに条例等を設ける必要があります。

事業者は総務省の指針値以下だから安全だというでしょうが、その指針値は欧州評議会などで「時代遅れだ」と批判されているものなのです。

また、携帯電話やスマホなどの無線通信端末の出力を現在の二〇〇mWから、二倍の四〇〇mWにあげることで、基地局のカバーエリアを一・三倍に拡大する計画です（図16）。これ

図16　端末出力を2倍してカバーエリアを拡大

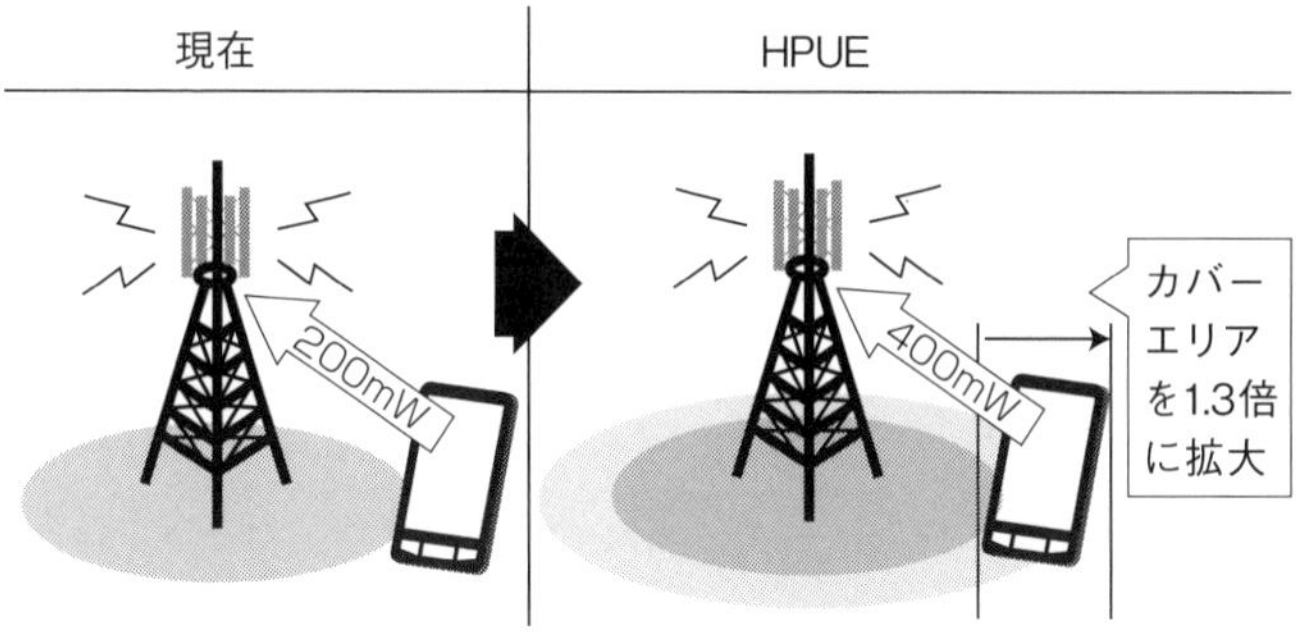

（出典：総務省「次世代モバイル通信システム委員会報告（案）」）

では、携帯電話ユーザーの被曝量は大きく上昇することになるでしょう。

二〇一七年九月、欧州連合（ＥＵ）に対し、一〇八カ国二七〇人の科学者が５Ｇの停止を求める声明文を発表しました。声明文の中で研究者らは、５Ｇは「無線周波数電磁波への被曝を大幅に増やすだろう。無線周波数電磁波は人類と環境にとって有害であることが証明されている」と警告しています。

また、とくに子どもや妊婦（胎児）、高齢者への影響が心配されていて、企業の影響を受けない中立な科学者の研究チームを早急に立ち上げることや、胎児や子どもを守るために新たな被曝基準を設けること、無線の代わりに有線デジタル通信を行うことなどを求めています。

参考文献

総務省「次世代モバイル通信システム委員会報告（案）」
Scientists warn of potential serious health effects of 5G
(Scientists appeal for 5G moratorium)

第4章　学校へ行けない子どもたち

学校のワックスやペンキ、クラスメートの衣服についた合成洗剤や柔軟剤の臭いが原因で、体調不良を起こしたり、通学できなくなっている子どもが全国にいます。

子ども達はなぜ、学校で学べないのでしょうか。子どもに配慮した学校と、そうでない学校の違いは何なのでしょうか。

1　柔軟剤を使う自由は、学ぶ権利より重い？

現在、横浜市に住むケンタくん（一一歳、仮名）は、七歳の時に花粉症とシックハウス症候群の症状が現れました。きっかけは、母親のケイコさん（四一歳、仮名）とともに、春先にケイコさんの実家のある関東へ行き、スギ花粉に曝されたこと、そして当時住んでた札幌の自宅に戻った後で、子ども向けの新築の施設に遊びに行ったことのようです。その施設で、突然、くしゃみや鼻水が出るようになり、施設を出ると症状は治まったのですが、化学物質に敏感になったそうです。

発症当時、ケンタくんは小学校一年生で、入学して一カ月経った頃でした。一、二年生の時は症状が軽かったので、本人が我慢してやり過ごしていたそうですが、三、四年生になると症状は悪化していきました。

「教室には、合成洗剤や柔軟剤の匂いが充満していて吸える空気がない、と言っていました。学芸会や音楽会の練習などで大勢が集まる時に、よく体調不良を訴えていました」とケイコさんはいいます。

ケイコさんは、ケンタくんが体調を崩す前から石けんで洗濯をしていたそうです。しかし、学芸会や運動会などのイベント時に、学校から貸し出されるトレーナーや法被《はっぴ》、バンダナなどは洗剤や柔軟剤の匂いが強烈で、身に付けると体調が悪くなるとケンタくんは訴えるようになりました。

保健室や多目的室へ避難

「教師の衣服についた合成洗剤臭も辛かったようです」とケイコさんはいいます。「毎年、卒業式は、鼻血を出したり、頭痛や腹痛、吐き気が起きて途中で退席しました。着飾った親御さんの衣服についた防虫剤や整髪料、化粧品の匂いが充満しているせいでしょう。三年生になると、音楽の授業などで子どもたちが一つの場所に密集すると具合が悪くなるので、学校に対処してもらうようお願いをしました」。

ケイコさんは、札幌市の「シックスクール対応マニュアル」を参考にしながら、担任や養護教諭、教頭と相談したそうです。「マニュアルの何ページに書いてあるように、学校全体や先生への周知をお願いします、と引用しながら頼むと、学校は受け止めてくれるようでした」。

その後は、ケンタくんの具合が悪くなると、他の教室や保健室に避難することになりました。「避難を認めてくれたのはありがたかったのですが、匂いの原因を根本から断つのではなく、避難という一時的な対処になったのは残念です。それに、避難している間は学習できなくなります」。

しかも、「保健室のベッドの寝具類は合成洗剤で洗われていて、保健室で休むことができません。洗剤を石けんに替えて欲しいとお願いしましたが、教育委員会指定の合成洗剤で洗わなくてはいけない、という回答でした」。

「小学校では、家庭科の授業で洗濯の勉強をする時はこの合成洗剤、保健室の寝具を洗濯する時はこの合成洗剤と決まっていて、給食室は石けんで食器を洗っているのに、無香料の石けんを選ぶ余地がありません。家庭科の食器を洗うのも食器洗い用の合成洗剤のようでした」。

札幌市教育委員会に確認すると、給食の食器等の洗浄は基本的に石けんを使いますが、保健室のシーツ等の洗濯や家庭科の授業で使う洗剤の選定は、「以前から各校が行っており、教育委員会で指定はしていない」ということでした。

学校側は「教育委員会の指定があるから変更できない」と説明していたので矛盾していますが、学校側が誤解していたのか対応したくないのでごまかしたのかは、わかりません。

「香り付き洗剤を使う自由」とは?

「ケンタは保健室が臭いから多目的室という、全校給食をやる場所で過ごすことになりました。先生が常時ついているわけではなく、ケンタがそこで本などを読んでいると、手の空いている先生が『どう、気分は良くなった?』と見に来る程度で、授業からは外れてしまいました。そんなことではいけないはずなのに」とケイコさんはいいます。

ケイコさんは学校が発行する「保健だより」で、香料の自粛を呼び掛けて欲しいと学校に相談しましたが、「香り付き柔軟剤を選ぶ自由や、香りを使う自由を各家庭から奪うような通知は出せない」と断られました。結局、保健だよりでは、「化学物質過敏症って知ってる?」という情報提供にとどまり、過敏症の子どもが学校にいることにも触れられませんでした。

ケイコさんは「化学物質過敏症で苦しむ子どもが『健康に学校で学習する権利』よりも、『香り付き洗剤を使う自由』が優先されることに強い違和感を覚えました。企業の利益・自由が人々の健康よりも優先された結果、公害によって人々が苦しめられた構図と何も変わらないと思いました」。

「学校が、私たち親子の話を真摯に聞いてくれたことには感謝しますが、化学物質過敏症に対する認識が甘く、学校が考えた対策では十分ではありませんでした」。

ちなみに、アメリカでも香料を使う自由を健康被害よりも優先するという間違った判断をした自治体が被害者に提訴され、敗訴したケースがあります（第2章5節）。

横浜市の公立学校への転校

ケイコさん一家は、夫の転勤で二〇一七年春、神奈川県横浜市へ引っ越しました。転校する前に、札幌の病院で化学物質過敏症の診断書をもらい、転校先の学校に提出しました。

横浜の小学校では入学時に、化学物質過敏症の症状がどんな時に発症するのかを養護教諭が細かく聞き取り、担任も気をつけてくれるそうです。

「養護教諭は、どんなもので症状が出るのかを、具体的に聞きとってくれました。たとえば、絵の具は大丈夫ですか、墨汁は、マジックペンは、廊下のワックスは、印刷物のインクは、新しい教科書の匂いは、と次々に聞かれ、チェックシートがあるのかと思うほど。養護の先生が対応のマニュアルを見ているのか、詳しく知っているのだと思いました」。

「ケンタは他の子どもの衣服からただよう匂いに不快感を感じながら、ひどい症状が出るほどではないので、諦めの気持ちで登校しています。不快感を感じずに学習できる社会が早く来て欲しいと願っています」。

アレルギー疾患の対応マニュアル

横浜市教育委員会に確認したところ、横浜市は化学物質過敏症に関する対応マニュアルはとくに設けていませんが、主に食物アレルギーへの対応をまとめた「アレルギー疾患の幼児児童生徒対応マニュアル」を二〇一一年に作成しています。

このマニュアルでは、気管支喘息やシックハウス症候群、シックスクール症候群について、油性ペンや接着剤などの揮発性の刺激臭で喘息発作を起こすことがあると示し、注意を促しています。また、床用ワックスについては「長期休業期間中に塗る、ワックスで症状が出る児童生徒がいる場合はその教室に塗らない」などの配慮をするよう求めています。

ちなみに横浜市にある神奈川県立保土ヶ谷高校では、二〇〇五年、雨漏り改修工事によってシックスクール問題が発生し、生徒や教員が健康被害を受けて裁判になったため、新聞などでも報道されていました。ケンタくんの学校の養護教諭が教材から発生する化学物質について詳細な聞き取りを行ったのは、たまたま化学物質過敏症やシックスクールに関する知識があったからかもしれません。

しかし、シックスクール対策が教師の個人的な資質に頼った、いわば「職人芸」であってはいけません。どこの学校でも、どの教師でも、同じような対応ができるよう、化学物質過敏症対応マニュアルをつくり、学校や保護者の間で情報を共有し、過敏症でも学校で快適に過ごせるよう配慮する必要があります。

札幌と横浜の学校の違い

ケンタくんが札幌で通っていた学校は、ひとクラス一五人ほどでしたが、横浜では一クラス三二、三人で、クラスメートの人数は倍増していますが、症状はそれほど出ていないそうです。

札幌では頻繁に具合が悪くなり、どんな状況で体調が悪化したかを説明されました。その都度、「そういう時は、こういう対応をしてください」とお願いしていたそうですが、転校してからは症状が出ないので、学校に行く機会もないそうです。「もしかすると札幌は寒くて、換気が足りないのかもしれませんね」とケイコさんはいいます。

「札幌市にはシックスクールマニュアルがありますが、建材やワックスなど建物に関するシックスクール対策です。合成洗剤など生徒や先生への対応ではありません。化学物質全般に対するマニュアルがあると、化学物質過敏症児童の保護者としては対応しやすいです。『周知を高める』といったあいまいな対応ではなく、もっと具体的に子どもへの対応策が書いてあると使いやすいのではないでしょうか」。

2　養護教諭が香料自粛ポスターを校内に掲示

札幌市に住むメグミさん（仮名、四六歳）は、夫と、高校三年生のダイキくん（仮名、一八歳）、中学一年生のナナさん（仮名、一二歳）と暮らしています。メグミさんは社宅が原因で化学物質過敏症になりました。息子は軽度の化学物質過敏があり、ナナさんは重い食物アレルギーと化学物質過敏症を発症しています。

メグミさんが化学物質で初めて体調を崩したのは一八年前のことです。オープンしたばかりのデパ地下へ行って、皮膚が赤くなり、帰宅後一〇日ほど寝込みました。アレルギーの専門医を受診すると、化学物質を避けるようアドバイスされました。

「今思えば、私が小さい頃から、母は衣類用防虫剤のナフタリンを大量に使っていました。実家に帰ると強い症状が出ます」。もしかすると、子どもの頃からの化学物質への曝露が蓄積しており、新しい建物に入ったことが引き金になって、発症したのかもしれません。

学校が香料自粛のポスターを掲示

娘のナナさんは、乳児の頃からアレルギーの兆候がありました。「私がパンを食べると娘の皮膚に発疹が出るので、母乳をあげている頃から、食物アレルギーがあるだろうと感じていました。一歳三カ月の時に血液検査したら、やっぱりアレルギーがありました。自分が化学物質に敏感なので、娘が敏感でもおかしくないとは思っていました」。「娘は牛乳でアナフィラキシー・ショックを起こすので、今はエピペン（アナフィラキシー・ショックの悪化防止のためのアドレナリン自己注射薬）と飲み薬、携帯電話、緊急マニュアルカードを持ち歩いています。アレルギーを起こす食品を自分から食べることはありませんが、仮にソフトクリームを持っている人にぶつかってアイスをかけられたら、症状が起きてしまうので用心しています」。

ナナさんは兄と同じ地元の小学校に通うことになったので、入学前から保健の先生に、香料に反応して具合が悪くなることを伝えていました。

「小さい時から『大丈夫？ 大丈夫？』と娘に言っていたら、余計過敏になると思って、何も言わずに様子を伺っていました。娘は小学三年生くらいから、『体育の時間にみんなが走ると匂いがバーッと出て吐きそう。教室で特定の子のそばに行くと、柔軟剤でめまいがする、耐えられない』と言いだしました」。

そこで、学校へ行く用事があった際に、「娘は匂いで具合が悪くなると言い出したから、あとどのくらい学校へ通えるかわからない。助けてください」とお願いすると、教頭先生がすぐに換気扇を設置してくれました。

その時は、まだ化学物質過敏症の診断書は出ていなかったそうですが、その後も進級するたびに、換気扇を教室に設置してくれました。

「保健の先生は『今年退職するが、その前にやれることを何かする』と言って、香料自粛を促すポスターをつくって校内に貼ってくれました。今も学校にあります」。ポスターでは「化学物質過敏症で困っている子どもがいます！ 匂いに苦しんでいる子どもたちに理解を！」と明記し、「合成香料には皮膚を刺激したり、脳・視神経系に悪影響を及ぼしたりする成分も含まれています。合成香料由来製品仕様の自粛を！」と、合成香料の危険性も紹介して、自粛を呼びかけています。

先生との信頼関係を築く

ナナさんは地元の中学校に行く予定でしたが、大規模な改修工事が予定されていることがわかり、校区外の中学校へ越境入学することになりました。

「通えそうな学校に電話をして空気を嗅がせてもらって、安全性を確認してから教育委員会に連絡をし、越境入学の手続きを行いました」。

この中学校は、ナナさんが入学した年に開校五〇周年を迎え、校舎の化学物質は少なく、通気性もよかったそうです。ところが、記念式典に向けて、壁にペンキを塗ることが分かりました。

しかも業者に委託せず、先生たちが放課後に少しずつ塗っていくといいます。ペンキが乾くまでの期間は化学物質が揮発します。放課後に少しずつ塗るということは、それだけ化学物質に曝される期間が長くなり、子どもたちの健康に悪影響を与えることになります。

メグミさんは、有害な化学物質が少ない水性ペンキを塗ることや、夏休みに業者に頼んで塗り、子どもたちが長期間曝されないようにしてほしいと訴えましたが、なかなか聞き入れてもらえませんでした。

過敏症の子どものいる、他の学校のお母さんが教育委員会に相談をすることになった際に、「娘が通う中学校でペンキを塗ろうとしています。子どもたちの健康を考えたら、してはいけないことだと、いつ教育者はわかるんでしょう。学校の空気を守るのが、優先ではないでしょうか」と書いた手紙を託しました。

その後、中学校で教頭にあった際にペンキについて尋ねると「水性ペンキを塗る」と伝えられたそうです。「最後は、札幌市市議会議員の石川佐和子さん（第6章2節）が教育委員会にペンキについて話をしてくれて、学校側はペンキを塗るのをやめました」。

学校側とペンキについて交渉する一方で、メグミさんは積極的に学校行事の手伝いをしました。「私は化学物質過敏症なので、学校内で作業をするのは無理だけど、家でできることはします」と伝え、炊事学習ではナナさんが食べられる食材をもって現地に行き、他の子どもたちの面倒をみたり、先生を手伝ったりしたそうです。

最初は担任も「化学物質のことは、教頭に言ってください」という対応で、教頭が窓口になっていましたが、最近は信頼関係を築いたおかげなのか、担任が窓口になり相談にも応じてくれるそうです。担任からワックスを塗るという連絡が来た際、メグミさんは、サンプルを自分で取り寄せて、板に塗って臭いを確認することにしました。

さらに、候補に上がったメーカー二社にも電話をして、ワックスの皮膜ができるまでにかかる時間を尋ねると二社とも「一週間は揮発し続けるので、その部屋に子どもたちを入れるのはどうかと思う」と懸念していました。

メグミさんは、メーカーのコメントも添えて、休暇中に塗ってもらえると助かりますと学校側に伝えました。担任は、「校舎をキレイにしたい気持ちもあるけど、ナナさんが来られなくなると困るのでやめます」と言ってくれたそうです。

先生のなかには、化学物質過敏症の子を初めて受け持つ人も少なくありません。「微量の化学物質で体調を崩す」と言われても、実際に目にしなければわからないこともあります。

メグミさんのように、化学物質過敏症への理解を求めながら、信頼関係を築いていくことは大変でしょうが、相手を責めるのではなく、こちらのお願いを静かに伝えていくことは、交渉をスムーズに進める上で重要かもしれません。

ナナさんの兄、ダイキくんも化学物質に敏感です。週末は、化学物質のない自宅で過ごしますが、月曜日に高校に行くと柔軟剤や合成洗剤などの香料に曝されるので、「お母さん、週明けはきついよ」というそうです。

「水曜くらいになると体が慣れるけれど、木曜くらいから我慢ができなくなってきて、きついようです。木曜や金曜は家に帰ってくると寝込んでしまう。夏は自転車で行けるからいいけど、冬になるとバスと地下鉄を乗り継ぎ、香料の中を移動して、学校の中も香料ばかり。帰宅した息子の下着まで、柔軟剤の臭いが染み込んでいます」。「息子は数学が得意なのですが、学校では計算するスピードが落ちると言っています。校内の化学物質が原因かもしれません」。

メグミさんは、自宅で石けんの使い方や合成洗剤、柔軟剤のリスクを伝える「石けんカフェ」を開いています。「石けんや重曹をいざ使ってみたけど、わからないとか面倒臭いとならないように、使い方を教える窓口になりたい。食器を洗う実演もします。アルカリウォッシュ（セスキ炭酸ソーダ、油を乳化しタンパク質を分解する）を溶かして水溶液をつくっておくと、ガス台の周りの油拭きにいい、といった実用的な情報を伝えています」。アルカリウォッシュは重曹よりも水に溶けやすく、皮脂や血液、油汚れをよく落とします。

また、柔軟剤の移り香は「アルカリウォッシュやアルカリ洗剤のセスキプラス（石けん百貨 https://

www.live-science.co.jp/で販売）などで洗うとよく落ちるようだ」ということです。

3　学校に入れず校庭で勉強

大阪府堺市に住むマサトくん（仮名、八歳）が化学物質過敏症を発症したのは、四歳の時でした。年末に母親のユキコさん（仮名、四一歳）と実家に帰省した翌朝、目のかゆみや痛みを訴えました。「片目のまぶたが青く腫れて垂れ下がり、目が見えない状態でした。足にできた蕁麻疹があっという間に全身に広がり、救急病院を受診しました」とユキコさんはいいます。

実家のタンスや押入れに衣類用の防虫剤が、室内には液体リキッドの防虫剤もありました。「暖房も入れていたので、薬剤の成分が揮発したのではないか」とユキコさんは考えています。

その後、マサトくんは慢性蕁麻疹になり、蕁麻疹が出るとかゆくて転げまわって泣くようになったそうです。それまで食物アレルギーはほとんどなかったのに、小麦、牛乳、魚、肉、合成着色料などに反応するようになりました。

「肉や養殖魚の抗生物質がダメなのかと考え、天然の魚を食べさせると症状は出ませんでした。やがて抗生物質を使わない肉類や有精卵なら食べられるようになり、食物アレルギーはだいぶ治りました。合成香料や酸化防止剤などの合成添加物などはなるべく避けています」。

幼稚園に入る頃には、慢性蕁麻疹は治りかけていましたが、「その頃から柔軟剤に反応しているようでした。柔軟剤の匂いがきついところにいくと、急に足の力が入らなくなって、バタッと倒れます。

足はまだ走ろうとしているのに、自分でも気づいていないような、とてもおかしな転び方をするんです。精神的な症状も現れ、酔っ払いのようにすごくハイになったり、怒りっぽくなって当たり散らしたりするようになりました」。

同時期に、マユミさんも幼稚園で保護者の洗剤臭が気になるようになりました。最初は「香りが強いな」と感じる程度で、風向きを考えて居場所を変えるようにしましたが、そのうちに同席するのもつらくなり、合成洗剤を使う人を家に上げることもできなくなりました。一度、合成洗剤臭のする人を家にあげたら、掃除をしても一週間、家の中の合成洗剤臭が取れなかったそうです。

マユミさんは電磁波への過敏性もあります。「二〇〇七年頃から高圧送電線に近い場所で暮らしていました。二〇一〇年頃から電磁波に敏感になり、Ｗｉ－Ｆｉの電磁波で頭痛や胸痛、肩こりが起き、突然倒れて動けなくなることもあった」そうです。後に、電磁波過敏症と化学物質過敏症を発症していると診断されました。

マサトくんも、電磁波に被曝すると咳や鼻水などのアレルギー症状が悪化します。化学物質への過敏性も次第に高くなっていきました。「五歳の時に、プラスチック製のおもちゃで遊ぶとキレやすくなったので、家の中にあったプラスチック類を片付けて木のおもちゃに変えました。消しゴムを使っても、様子がおかしくなってイライラするので、天然ゴムに変えたら落ち着きました」。

小学校の柔軟剤臭で体調悪化

「私もマサトも、もしかしたら化学物質過敏症ではないかと考えていました。小学校に上がる前に市内の専門医を受診すると、母子ともに化学物質過敏症で、有機リン中毒だといわれました。ただし、診断書は出せないので、必要なら高知県か東京都内の病院を受診するよう勧められました」。

防虫剤や殺虫剤には、有機リン系農薬を使っているものもあります。マユミさんの実家で防虫剤の臭いのする部屋で休んだことが引き金になったのかもしれません。

「高知県では化学物質過敏症の子どもが病弱の特別支援学級に入っていると知り、息子が入る学校でも同じようにしてもらえないか堺市に相談しました。就学前相談で小学校に行くと、柔軟剤臭がひどいし、文房具や教材の匂いもあり、換気してほしいと交渉をしていました」。

しかし、堺市教育委員会に「診断書がないとなにもできない」といわれたので、高知病院を受診して診断書を提出しました。ところが、教育委員会は「診断書があっても、こちらの対応は変わらない。特別なことはできないし、支援学級は無理だ」といったそうです。それでも、教室に換気扇をつけ、窓側の席に座れるよう、配慮はしてくれたそうです。

支援学級は、知的障害や肢体不自由、病弱などいくつかの種別に分かれていますが、「堺市では、病弱の子どもが二人以上いないと、病弱者向けだけの支援学級は設置できないと言われました」。

「一年生の教室でも柔軟剤臭がひどい。入学後は、まるで本人が柔軟剤で洗った服を着ているかのように、臭いをさせながら帰ってきて、ドリルも教科書も柔軟剤臭がします。本人も臭いが気になるようで、帰ったらすぐにお風呂に入って着替えています」。

ユキコさん自身も柔軟剤に強く反応するので「柔軟剤や洗剤臭が気になるので配慮してもらえないか、と校長や教育委員会に言いましたが、『他のお母さんに止めろとは言えない。普通に売っているものを普通に使う権利がある』といわれました」。

紙粘土を使った後に高熱

マサトくんは頻繁に体調不良を訴えていたものの、校舎に入ることはできていました。しかし、三学期に授業で紙粘土を使ってから三九度台の高熱を出すなど体調が悪くなり、その原因は紙粘土の化学物質ではないかとユキコさんは考えています。

「紙粘土と言っても樹脂のかたまりで、いろんなものが入っています。SDS（安全データシート、製品に使用した化学物質を記載している）を取り寄せたら膨大なページ数でした。他のクラスメートも体調を崩している様子でしたが、もしかすると紙粘土のせいではないでしょうか」。

校内の塗装後、教室に入れない

マサトくんは進級して二年生の教室に入ってから、リンパ節炎になり、耳の痛みなどを訴えました。ある日、マサトくんは「学校がペンキ臭くて行きたくないけど、どうしてもいかんとあかんかな」と言い、ユキコさんは校内でペンキが塗られていることを初めて知りました。

一年前の就学前相談でも、子どもたちがいるのに廊下のペンキを塗っていたので、不安を感じたユキコさんが、校長にたずねると、「シックスクール対応の商品で安全だし、お子さんたちが入学したら、塗らないから大丈夫」と説明されたそうです。しかし実際には、長期休暇中に少しずつペンキを塗り続けていたのです。

マサトくんは保健室で過ごすことになりましたが、約二週間後、「二年生の教室へ確認に行くのがいやだ」と打ち明けました。学校と教育委員会は毎日、マサト君を二年生の教室に連れて行き、入れるかどうか試していたのです。

化学物質過敏症の場合、症状を引き起こす化学物質を避けるのが治療の第一歩です。それなのに、化学物質への曝露は極力避けなくてはいけない子どもを保護者の同意なしに、毎日、発生源に連れて行き、強制的に曝露させていたわけです。ユキコさんは市教委に「体調悪化につながる、非常に危険な行為だ」と抗議し、やめてもらいました。

市教委は「毎日行っていれば、そのうち本人が入れるというようになると思っていた」と説明したそうですが、これが事実だとすればあまりにも無知です。文部科学省が二〇一二年に発行した『健康的な学習環境を維持管理するために―学校における化学物質による健康障害に関する参考資料―』でも、原因物質を避けることや、児童生徒の選択を尊重して支援するよう記載されています（詳細は第7章1節）。

症状が悪化し保健室もダメに

二〇一七年春、生徒の検診があって、全校生徒が保健室で検査を受けました。子どもたちの衣類についた柔軟剤臭もすごかったそうですが、マサトくんは「ペンキの臭いがその子たちについてきて、保健室にも入れない」と訴え、音楽室や体育館でも体調を崩すようになりました。

「鼻血が出て、ぐったりして、ベッドで寝たきりになったり、顔色が悪くなります。家で体温を測ると三六度台で平熱ですが、学校では三七度台の微熱が出て頭痛、吐き気を訴えます。何週間かそれが続きました。五月に、体育の授業をグラウンドでするようになったら、うちの子も元気になって参加できるようになりました」。

その頃、京都の病院でシックスクール症候群だという診断書を書いてもらいました。医師は、マサトくんに個別指導が必要だと判断したので、マユミさんは、教育委員会の担当者と学校の三者で話し合いをしました。

「マサトは、ほとんど自習を見守ってもらっているだけの状態で、教えてくれる先生がいませんでした。医師は、シックスクール症候群という診断のほかに、個別指導を要請することや、一時的な転校を配慮することも必要と書いてくれました。学校からは『手一杯で見られないから、発達障害児の特別支援教室に入ったらどうか』と言われましたが、そもそも校舎に入れないから支援教室にも行けません」。

学校は、マサト君の体調不良の原因がペンキだと認めていなかったので、揮発性有機化合物（VOC）の測定を依頼しました。教育委員会はなぜか、ホルムアルデヒドの簡易測定をしましたが、ペンキに含まれていない物質なので、測定しても検出されませんでした。

それなのに教育委員会は「ペンキではなくて気持ちの問題だ。診断書があるからと言って、学校はなんでも医者の言うことを聞くわけじゃない」と告げたそうです。

ユキコさんは、二〇一七年六月、「指定校を変更し、別な小学校に通いたい」と市教委に伝えました。見学した学校の校長は「生徒がいると洗剤臭がするだろうし、受け入れは無理です。普通の児童としてなら受け入れできるが、特別な配慮が必要な子を、年度途中で受け入れることはできない。空き教室も先生もいない」と説明しました。

「そんなことをいう校長のところには通わせられない」とユキコさんは考え、教育委員会に学校の対応を報告すると「当然ですよ、どこの学校でも同じことをいわれます。二年くらい通うつもりでないと指定校を変更できないし、工事などがあっても、再度、指定校を変えることはできない」といったそうです。

屋外での学習ができないようにテントを撤去

さらに市教委は、「障害者差別解消法ができたので、グラウンドで勉強するのは差別に当たるから勉強してはいけない。教室に入るか、自宅で訪問学習を受けるように」と連絡してきました。

しかし、二〇一六年四月から施行された障害者差別解消法では、個人の障害に応じた合理的配慮を自治体に義務付けており、一律で同じ環境に入ることを求めているわけではありません。文部科学省が進めるインクルーシブ教育は、障害のある子も無い子も、ともに学ぶことを目指していますが、同じ環境で学ぶために必要な合理的配慮をすることになります（詳細は第6章3節）。

グラウンドで勉強させるのは、最善の方法とは言えませんが、ある程度「合理的配慮」をしたことになり、有害な化学物質があふれる校舎に入ることを強要することこそ、差別解消法に触れる行為です。むしろ、化学物質過敏症という障害があっても校舎に入れるような学校環境を整備すべきです。

次に市教委は訪問学習を提案してきましたが、「支援教育課の先生が週三回、一日に一、二時間来てくれる程度で、勉強時間が格段に減りますし、先生が家に入り、柔軟剤の匂いなどを持ち込む可能性があります。家の環境を守るため、公民館や市民センターなどでの学習を提案しました」。

しかし、市教委には「市民センターや公民館の本来の用途とは異なるので、定期的に借りることはできない。空いている教師もいないし、校外に連れて行くこともできない」と断られました。

校庭にあったタープは夏休み中に撤去され、二〇一七年の二学期が終わるまで、マサトくんはタープがない状態で、屋外で勉強を続けました。タープがあれば小雨でも勉強できましたが、天気の悪い日は休まなくてはならなくなりました。

二学期の最終週、今まで付いていた特別支援教育支援員が予算の関係で打ち切られました。学校や教育委員会からの連絡はなく、打ち切りの四日前に支援員から知らされたのです。冬休み明けの三学期以降、マサトくんの学習環境がどうなるのか、全くわからない状態でした。

「市教委は建物で勉強すればいい、と言い続けています。校舎に入って、もしも何かあったらどう責任をとるのかと聞くと、教育課は保険が下りるから大丈夫だといいます。健康に関わることなのに、保険が下りたとしても到底納得できません。症状が出て校舎に入れないのに、『お母さんが入れないと言っているだけだ』と考えているようです」。どんな保険のことを指しているのか、市教委に取材を申し込みましたが「個人情報なのでお答えできない」という回答でした。

4　友だちと地域の学校に通いたい

札幌市に住むルミさん（四一歳、仮名）は、小学三年生のマモルくん（九歳、仮名）と四歳のミユキさん（仮名）と夫の四人家族です。ルミさんとマモルくんは電磁波過敏症と化学物質過敏症を、ミユキさんは化学物質過敏症を発症しています。

ルミさんは看護師として一〇年間勤務した経験があり、妊娠中に合成洗剤が体に悪いと聞いて石けんに切り替えていましたが、マモルくんを出産後、化学物質過敏症と電磁波過敏症を発症しました。

原因は自宅の室内配線の不具合と無線LAN（Wi‐Fi）ではないかと考えています。ルミさんが自宅の電磁波を調べて見ると、本来は一階の天井につくはずの室内配線が二階の床下に設置され、二階床上で高い低周波磁場が発生していたそうです。

さらに「システムエンジニアの夫がWi‐Fiを設置し、常に無線周波数電磁波に被曝している状態」だったそうです。マモルくんは妊娠中も生まれてからも無線周波数電磁波に被曝していたわけですが、ルミさんが電磁波過敏症になってからWi‐Fiを止めました。娘のミユキさんは、生まれる前からWi‐Fiのない環境で育ちました。

マモルくんは四歳で化学物質過敏症と電磁波過敏症を発症し、動物性食品へのアレルギーもあります。「洗濯機を使っている時に頭痛がする、と訴えました。モーターが回転している時が辛いようでした」とルミさんはいいます。

なお、洗濯機のモーターの回転時に起きる体調不良は、低周波音の可能性があります。洗濯機から一メートルも離れれば低周波磁場は大幅に減少しますが、低周波音はなかなか減りません。電磁波過敏症は電磁波だけでなく音や振動、気圧の変化など物理的な刺激全般に敏感になります。

小学校のワックスで体調悪化

小学校入学前、マモルくんは札幌の小児科で化学物質過敏症と電磁波過敏症と診断され小学校に診断書を提出しましたが、「幼稚園には通えていたので、特別な配慮は頼まなかった」そうです。

ところが、小学一年生の夏休み中、校内全体にワックスが塗られた後、二学期になっても校内に入ることができませんでした。

それ以降、体調を崩し、あまり登校できなくなりました。一年生の一学期の終わり頃には、マモルくんは覚えていたはずの平仮名を忘れるようになり、ルミさんは「化学物質過敏症が悪化しているのではないか」と感じたそうです。

大きな変化があったのは、小学二年生の夏休み明けでした。八月と九月に、市内のイベントホールで大きな将棋大会がありました。「八月の大会は、電磁波を遮蔽する帽子をかぶっていたので大丈夫でした。でも、九月の大会では帽子をとるよう注意されて一日過ごしたら、電磁波過敏症ではなく化学物質過敏症が悪化しました」。

このイベントホールは、札幌市が運営する施設で、館内には無料Ｗｉ‐Ｆｉが設置されています。大勢の人が集まる場所で、合成洗剤や柔軟剤などの化学物質に暴露した影響かもしれませんが、Ｗｉ‐Ｆｉの電磁波が関係しているのかもしれません。

「化学物質過敏症になった頃から、柔軟剤や化粧品など香りのあるものは苦手でしたが、将棋大会以降は、無香料でも合成洗剤を使って洗濯をした衣類を着ている人とは同じ場所にいられなくなり教室にも入れなくなりました」。

マモルくんの主な症状は頭痛と倦怠感なので、外からはわかりづらいせいか、担任に「具合が悪いから帰る」と伝えても「もう少し頑張ろう」と引き止められたこともあったそうです。

「外では気を張っているせいか、帰宅した途端にぐったりしていることも多い。マモルは、家に帰ってから初めて具合が悪かったことに気づくこともあると説明しています」。本人が体調不良を訴えるということは、相当に症状が悪化しているというサインと考え、限界がくる前に帰宅させたり、保護者に連絡を取るなどの対応が必要です。

マモルくんの祖父は、学校に行けない孫を受け入れられないようです。「私の父は孫の病状を理解しません。『キチガイ』とか、『(学校にも行けないくらいなら)産まなきゃよかっただろう』という。孫が学校に通わず、家にいることが苦痛のようです。親族に医師がおり、化学物質過敏症は病名が認められているけど、電磁波過敏症については『そんな病気はない』といいます」。家族の理解を得るのも難しいのが、過敏症の難しいところです。

授業は週に一度、二時限のみ

担任は毎朝電話をして「今日は学校に来られますか」と確認し、図工室など、その日の授業で使わない空き教室の窓を開け、換気をしておいてくれます。二〇一六年(小学校二年生)の一一月上旬から、週に一度、二時限だけ特別支援教育支援員がつくことになりました。それ以外は、空き教室でルミさんに付き添われて自習をしています。

支援員は、学校の要望で元教師だった人がついてくれました。週に一度だけで、それ以外は自習というのはあまりにもひどい状態ですが、ルミさんによると「学校側では、週に一度でも反対の声があったようで、週二度に増やすのは難しい」といいます。

「市教委の担当者も親身に話を聞いてくれますが、支援員を増やす予算をもっとつけてもらえたら、週一回から週三回に増やせます。支援員がつくまでは、担任の先生に宿題を渡されて提出するだけでした。本来なら、空き教室がなければ支援学級をつくらない、というのはおかしいと思います。先生を一人つけてくれれば、空いているところで授業をうけられます」。

小学三年生になった二〇一七年七月、ルミさんは特別支援学級を開設してほしいと、今通っている学校に相談しましたが、「空き教室が一つしかないので難しい。来年、知的障害のある子どもが入学する予定がある。支援が必要な生徒が一人ずつなら、教室を二つに分けて使う方法もあるかもしれない」と教頭に説明されたそうです。

一時はフリースクールも検討したそうですが、マモルくんは交通機関を利用できません。地下鉄には駅やトンネルに携帯電話基地局が設置され、車内でも携帯電話やスマホの電磁波が飛び交っています。「地下鉄は電磁波がつらいし、化粧品やヘアスプレーなどの香料にも反応します」。

「市教委は、クラスが確保できないと、特別支援教室を開設できないといいますが、学校の敷地内なら屋外でもかまいません。しかし、校長には『マモルくんは教えなくても理解できるでしょう。もっと深刻な子がたくさんいる』と笑って言われました」。

札幌市教育委員会によると、二〇一七年四月現在で、シックハウス症候群と思われる児童生徒は二三名、そのうち化学物質過敏症は一四名、うち二名が電磁波過敏症だそうです。

特別支援学級に在籍する小・中学生は二七三六人、学びのサポーター対象者は一六四三人いますが、過敏症児童に特化した学級はありませんでした。「一つのクラスを二つに分けて、知的障害と病弱の学級を作ることはできるのか」と尋ねると、一クラスを二つに分けて異なる種別の学級を設置することに法的な規制はないそうです。

自宅に先生が来て教えてくれる訪問支援という方法もありますが、それを受けるには、特別支援学校に籍を移さなくてはいけません。

小学三年生の今、グラウンドで行われる体育の授業だけ、他のクラスメートと一緒に受けている状態ですが、「いつか症状が改善して、他の子ども達と一緒に学べることを本人も家族も望んでいます」。

幸いなことに、二〇一八年一月から教員免許のある支援員が週に三日、一日三時間のペースで教えてくれることになりました。

さらに二〇一八年四月からは、病弱の特別支援学級が校内に設置されました。マモルくんが、校内のワックスで体調を崩してから約二年半、ルミさんが病弱教室の開設を要望してから約一年半かかりました。ルミさんは「必要な場合は、すぐに開設するのが当たり前になってほしい」と言います。

「私は看護師でしたが、化学物質過敏症や微量の化学物質の影響に関する教育は受けませんでした。学校の先生方も保護者から聞いて初めて知るのが現状ではないでしょうか。過敏症について知っているのが当たり前になればいいいと思います」。

5　特別支援学校から通信制の高校と大学へ

福岡市に住む小山泰樹くん（現在一九歳）は、一歳の時にシックハウスに入居して体調が悪化、二歳の時に母親のゆみさん（当時三六歳）と共に化学物質過敏症と診断され、「将来発達障害になる可能性がある」と医師に言われたそうです。二〇〇六年には母子ともに、電磁波過敏症を発症しました。

ゆみさんは、泰樹くんが三歳の時から就学前相談をしたいと福岡市に相談していましたが、小学校入学の前年度まで待つように言われてきました。

しかし、いざ相談してみると化学物質過敏症に対応した前例がなく、「体制が整っていない」「安全確保ができない」という理由で、七つの小学校に受け入れを拒否されました。「化学物質過敏症を知らないから、先生たちも怖かったのでしょう。インクやマジックにも反応することなど、病状を伝えていくと、顔色が変わっていきました」と、ゆみさんは振り返ります。

その後、特別支援学級のある校区外の小学校へ入学し、自閉症スペクトラムの子どもが学ぶ「情緒障害」のクラスに入ることになりました。

この学校の情緒障害のクラスは二学級だけでしたが、一年生から六年生の児童がいました。ただし、欠席する子どもも多く、常時三人ほどしかいなかったそうです。泰樹くんが在学中は、教室にワックスを塗らず、トイレボール（有害なパラジクロロベンゼンが使用されている）も撤去し、改修工事も行わないと、学校側は約束してくれたそうです。

「自閉症スペクトラムの子どもはこだわりが強いので、柔軟剤を控えてくださいとお願いしても、『うちの子は、特定の洗剤じゃないとダメだから変えられない』と断られることも多かった。一時期は他の子どもが帰宅した午後四時から、一時間だけ授業を受けることもありました」。

「授業は一人一人にプリントを配るだけで十分に勉強することはできません。足りない部分は家庭でカバーしてください、という状態でした」。

学校の耐震工事で通学不可能に

当初、学校側は泰樹くんが在学している期間は、工事を行わないと言っていましたが、校長や教頭が転勤するとその約束もうやむやになり、四年生の時に大規模な耐震改修工事を行うことになりました。その工事が原因で泰樹くんは体調を崩し、学校からは、工事が終わるまで自宅待機をするよう言い渡されました。

ゆみさんは、「学校の都合で自宅待機になり、教育を受ける権利を奪われている。せめて訪問教育をしてほしい」と市議会に陳情し、満場一致で認められました。訪問教育を受けるには、特別支援学校へ学籍を移さなくてはいけないので、議会では学籍を速やかに移して訪問教育を行うことが決定されました。「当時、訪問教育は病院に入院している子どもにしか実施できなかった。自宅での訪問教育実施が実現したのは、全国初だったと思う」と小山さんはいいます。

その結果、特別支援学校の先生が週に三回、一回三時間教えてくれることになりました。泰樹くんは小学校でほとんど勉強できなかったので、四年生になっても二桁の計算ができず、漢字もほとんど書けませんでしたが、訪問教育で先生に教えてもらえるようになったおかげで、学力が上がっていったそうです。

学校へ行かなくなり、化学物質や電磁波への被曝を避けることができたのも、影響したと小山さんは考えています（拙著『電磁波過敏症を直すには』緑風出版でも詳述）。

「耐震工事が終わったら復学できると言われていましたが、工事が終わって復学を申し出ても『いつでも遊びに来てください』というだけで、学籍を戻すという話にはなりませんでした」と、ゆみさんはいいます。

私立中学校は入学を拒否、特別支援学校へ

泰樹くんは福岡市内の私立中学を受験し、合格することができました。ところが、入学直前に「発達障害の子どもは受けいれられない」と入学を拒否されたのです。学校との話し合いで、泰樹くんは「教師は子どもの可能性を伸ばして社会に送り出すのが使命だと思っていた。あなた方教師には失望した」と毅然と伝えたそうです。

二〇一一年春、泰樹くんは病院に併設された特別支援学校の中学部に入学しました。「この学校は、市議会で過敏症について陳情したことも知っており、管理職に過敏症に関する共通認識があって対応が迅速でした。入学前から何度も話し合いをし、泰樹が通う病弱の子どものための校舎では、在学中はワックスをかけるのをやめ、先生も化粧や整髪料をつけないことになりました」。

ほかにも、泰樹くんのクラス全員の教科書を天日干しにし、理科の実験は教室の外から見るよう、

配慮してくれました。パソコン室の外に椅子と机を置き、教室の中に入らずに勉強できるようにしてくれたほか、調理実習は自宅から食材や調味料を持ち込むことを認めるなど、柔軟に対応してくれたそうです。小学校在学中は、六年間で三〇〇日も通えませんでしたが、中学は無理なく通うことができたといいます。

担任の先生は、障害や病気のある子どもに自信を持たせようと、英検の受験を奨めていたので中学二年生の時に、英検準二級（高校中級程度の英語力）に合格しました。

また、中学では生徒会の副会長や会長をつとめ、体育大会の応援団長になるなど、活動範囲も広がっていきました。

高校は症状に配慮し協力的

中学三年生になった泰樹くんは、東京の私立高校受験の推薦を得ましたが、質問を覚えておくことが苦手なためうまく答えることができず、最終段階で不合格になってしまいました。その後、滑り止めだった地元の公立高校も落ちてしまいます。泰樹くんは自分で情報を集め、県立の通信制高校へ進学することになりました。

この学校は定時制と通信制がありますが、どちらも単位制で固定したクラスはありません。スクーリング（登校日）は年に二〇日程度で、レポートの提出が中心です。単位制なので、化学物質にさらされやすい美術や化学の授業は、最低限、履修しなければいけない科目を受けるだけで済みます。プールもないので、塩素にさらされる水泳の授業もありません。

ゆみさんは入学前に、化学物質過敏症、電磁波過敏症について診断書とともに、症状の特徴や緊急時の対処法、学校生活での配慮をまとめた資料を提出しました。同じ資料を二部つくって、担任とゆみさんがそれぞれ保管し、何かあった時に備えたそうです。

入学式には約五〇〇名の生徒と保護者が体育館に集まるので、化粧品や整髪料、柔軟剤の匂いなどであふれます。そこで、泰樹くんは常にマスクを着用し、出口に近い席に座らせてもらい、体調不良の時は退席することになりました。ほかのイベント時でも同様の配慮をしてもらったそうです。

体育の授業では、更衣室に他の生徒の洗剤や柔軟剤、制汗剤、香水などの匂いが充満するため、職員室内の控え室で着替えをさせてもらいました。

男子トイレにはトイレボールがあり、業者との契約の関係で完全に撤去するのは難しかったので、障害者用トイレの一つからトイレボールを取り除いてもらって、利用しました。

特別プログラムに参加

高校では、泰樹くんが入学した二〇一五年から定時制と通信制から選抜された一〇名の生徒を対象にした特別プログラムが行われることになり、通信制からは泰樹くんが選ばれました。

このプログラムでは、九州大学から研究者を招いて講義や討論を行ったり、英語で時事問題を討論したり、英語が母国語ではない国を訪問し、語学力を生かして、現地の高校生や大学生と討論や研修を行います。

資格は英検準二級以上で国立大学を目指すレベルであることでしたが、特別支援学校で取得していた英検が役に立ちました。

プログラムの一環で、二〇一六年にはベトナムへ行き、現地で高校生と交流し、研究発表も行うことになっていました。泰樹くんは食の安全をテーマに発表する予定でした。

ゆみさんは、渡航に備えて空気清浄機や主治医の意見書を用意し、学校に提出しました。生徒がつくった研修のしおりにも、泰樹くんが農薬や整髪料、香水、柔軟剤、殺虫剤、タバコなどで体調不良を起こすことや、異常があったときには先生に報告することなどが記載され、他の生徒や先生とも情報共有をしました。「同行する他の子どもたちは、泰樹が反応しないように何ができるかと聞いてくれて、洗剤やシャンプーも変えると言ってくれた」そうです。

ところが直前になって、現地の大気汚染が深刻であることや、安全な食品を確保するのが難しいこと、緊急時に対応出来る病院がないことなどが伝えられ、断念せざるをえませんでした。しかし、Ｓｋｙｐｅで現地との議論に参加し、研修に参加した子どもたちは、泰樹くんに励ましと現地の様子を伝える手紙を書いてくれました。

共に生きる社会システムを

泰樹くんは二〇一八年に高校を卒業し、オンライン大学で経営学を学んでいます。講義は全てインターネットで、登校する必要はありません。

泰樹くんは、中学生の頃はパソコンを使うたびに指先が冷え、目の下が青黒くなり、翌日は疲れが取れず、起きられなくなったり、不調を感じていました。しかし、電磁波過敏症の症状は徐々に改善し、高校生になるとノートパソコンに外付けのキーボードやマウスを接続して操作できるようになったそうです。オンライン大学はパソコンを使う時間が長くなりますが、登校して他の学生の香料や柔軟剤の臭いにさらされるわけではないので、泰樹くんにとっては身体的な負担が少ないようです。

過敏症はまだ社会で十分に認知されていませんが、大学では「自分の弱点を強みにするためのシステムを作ればいい」と教わり、泰樹くんは起業を目指しているそうです。

「過敏症や発達障害でも、安心して自立して暮らせる社会にしたい」と考え、学業だけでなく、化学物質のリスクを伝えるための講演活動も、ゆみさんとともに行っています。「母が茨の道を切り開いてくれたおかげで、今の僕があります。恩返しをしていきたい」と泰樹くんはいいます。

6　電磁波過敏症で高校を自主退学

富山県に住むユリさん（仮名、現在二一歳）は、二〇一四年、高校二年生の時に電磁波過敏症を発症し、高校三年生の六月から高校を長期欠席したあと、自主退学をしました。

母親のリカさん（仮名）によると、「小学校一年生の頃から学習デスクの蛍光灯をつけると、強い頭痛や吐き気を訴えていた」といいます。もともと電磁波に敏感だったのかもしれません。

ユリさんは高校二年生の時から、通学時のＪＲやバスで、他の乗客が使う携帯電話やスマートフォンの電磁波に反応し、頭痛や動悸、呼吸困難が起きるようになり、リカさんの車で登下校するようになったそうです。

ユリさんが通っていた高校では、携帯電話を校内で使用するのは禁止されていたそうですが、クラスメートのほとんどは携帯電話やスマホを持っていて、休み時間になるとゲームを始めます。すると、ユリさんは激しい耳鳴りに苦しみ、友人の中には同様に「変な音が聞こえる」といった生徒もいたそうです。授業中も、電源を切らないのが当たり前になっていました。

高校は、学年集会でユリさんの症状を訴え、電源オフに協力するよう訴えてくれました。教室内で携帯電話やスマートフォンを使わないよう、担任からクラスメートに指導をしてもらったこともありますが、体調は回復しませんでした。

自宅周辺に携帯電話基地局があったせいか、「毎日、頭をハンマーで殴られるような痛みや目がぐられるような痛みを訴え、夜も眠れない様子です。少しでも楽な場所を探して一晩中、家の中を歩き回り、疲れ果ててその場で眠りこむような状態だった」とリカさんはいいます。

大学の無線LANで進学を断念

高校三年生の五月、ユリさんはスマートフォンの電磁波を避けるため、別室で試験を受けることになりました。蛍光灯を切って先生を待っていたときは何でもなかったのですが、蛍光灯をつけた瞬間に「ハンマーで殴られたような強い痛み」を感じたそうです。先生に帰宅させてほしいと頼んだのですが、「三限まで受けるように」促され、試験を続けました。

その後数日間、激しい頭痛が続きました。結局、この試験の日を最後に、学校を休むようになり、三月まで長期欠席を続けました。卒業する際、出席日数が足りなかったので、留年するか退学するかを迫られましたが、七月に高卒認定試験を受け合格していたので、自主退学を選びました。

ユリさんは「将来は英語講師か法律関係の仕事に就きたいと思っていた」そうです。しかし、どの大学にも無線LANが設置されていて進学できませんでした。

その後二年間はアルバイトを転々としたそうです。「工場は電磁波が多くてダメ、お店もタブレットや無線LANがあるのでダメでした。同年代の学生向けアルバイトは、どれもこれもワイヤレス機器を装着して勤務するものばかり。最初の数時間や数日間は大丈夫でも、やがて手足のしびれや筋肉痛、うつ、頭痛、忘れっぽくなるなどの症状が出て働けなくなり、退職を繰り返しました」とユリさんはいいます。

「静電気を体から放電するカードを身につけると、レジが誤作動するなど仕事に支障が出ました。放電カードなしで働くと、約四日で頭痛、約六日で胸痛が始まります」。今は体調不良が起きない日数で短期バイトを繰り返しながら、通信制の短期大学に通い、英語と保育を学んでいます。保育の資格を取って、英語保育園の先生になるのが夢だそうです。

妹のエリさん（仮名、一八歳）も電磁波過敏症を発症しており、公立高校から通信制高校に転校しました。自宅で有線接続したパソコンで勉強し、スクーリングは無線LANを切った状態で受けているそうです。卒業後は姉のユリさんと同じ通信制短期大学に進学する予定です。

ユリさんは、電磁波過敏症でも生きられるよう、社会全体で対策を取ってほしいと考えています。一つは、禁煙スペースを設けたように、交通機関や公共空間に電磁波のない空間をつくること、そして無線の危険性や健康被害の状況を報道し広く知らせること、住宅や学校の側の基地局を移設すること、スマートメーターの設置停止、医師が患者の立場になって意見できる世の中になることを望んでいます。

7　学校の無理解で高校受験を目前に転校

北海道に住むカオリさん（五四歳、仮名）と次女のユウコさん（一五歳）は、化学物質過敏症を発症しています。カオリさんが発症した原因ははっきりしませんが、「歯科技工士として病院で勤務し、さまざまな化学物質や重金属に暴露したせいかもしれない」とカオリさんは考えています。

ユウコさんが生後七カ月の頃、カオリさんは病気で入院することになりました。初めて粉ミルクを飲んだユウコさんはアレルギー反応を起こし、乳のアレルギーがあることがわかりました。その後も、小麦や卵、そば、えび、ほたて、キウイ、パイナップルなど様々な食品に反応し、重い症状を示すことがわかりました。

デパートに連れていくと、洋服から発生するホルマリンに反応して顔中真っ赤になったり、喘息発作を起こすなどの症状が現れました。過敏症に詳しい小児科医を受診すると、化学物質過敏症だと診断されました。

過敏症であることを伝える難しさ

ユウコさんは地元の公立小学校に入学しました。カオリさんは入学する際に、「娘は化学物質過敏症で食物アレルギーもあるので給食は食べない」と伝え、お弁当を持って行くことになりました。

「化学物質過敏症なので窓を開けておき、窓側に座らせてほしい」とも伝えました。

カオリさんがお願いしたのは、弁当持参と換気の二点だけでしたが、学校側は「そんなに何でも学校に頼っても対応できない。どれか一つに絞ってほしい。お母さんが一番対応して欲しいのはどれ？」と聞いてきたそうです。

「どれも大事です」と答えましたが、最終的に「食べ物は、体に入るとすぐにアナフィラキシーショックを起こして命に関わるので、食べ物アレルギー対応を一番にお願いした」といいます。

ユウコさんの通った小学校は毎年担任が変わるので、カオリさんは、毎年二月くらいから症状と反応する物質、症状が出た際の対応などをまとめた資料を作って担任に渡していました。これは、「アレルギーの子どもを持つお母さんはみなさん、やっていること」だそうです。

担任は新学期直前にならないと決まらないので、担任が決まってすぐに資料を渡しても、新学期まで二日ほどしかありません。

「先生も十分に勉強する時間がないし、他学年の先生は化学物質過敏症であることを知りません。同じ学年の先生でも知らない場合があり、情報が全く共有されていないと感じました。少しでも知ってもらうために、暑いさなかのプールの監視など、学校で手伝いが必要な時はできるだけ参加し、娘が化学物質過敏症であることや、『この間はこういう配慮をしてもらって助かりました。ありがとうございます』とお礼を言いながら、クラス名と娘の名前を伝えるようにした」といいます。

カオリさん自身、化学物質過敏症なので、外出すると症状が悪化しますが、漢方薬を飲んで学校行事の手伝いを続けたそうです。

ワックスや防カビ塗料で体調悪化

ユウコさんが四年生の時、校長と教頭が変わりました。子どもたちがいる場所でワックスを塗ったり、防カビ剤入りの塗料を廊下の天井に塗ってから「塗りました」という連絡が来る状態で、「なぜ、塗る前に教えてくれなかったのか」とカオリさんは度々訴えていたそうです。

ユウコさんは防カビ塗料を塗ってしばらくの間は学校を休み、三週間後に登校しました。しかし、「帰ってきてから『イライラする』と泣いて物に当たりました。そういう激しい子ではなかったのに、一人で葛藤していたのですね。そのうちイライラして抑えられないと泣き出して、次に、風邪のように頭が痛い、体がだるいというようになった」そうです。

「学校を休ませることを先生に伝えると、『風邪が流行っているから』という対応でした。私たちも、そこで気付けばよかったのですが、休んで家にいると元気になるのでまた送り出すと、具合が悪くなるのを繰り返していた。そのうちに、自宅マンションの隣でも工事が始まって、私も家にいると苦しくなるくらいだったから、家にいるより学校にいるほうがマシという気持ちで登校させていました。娘は『学校が苦しいからいやだ』と言っていたのに」。

「ユウコは動けなくなって、朝も起きられなくなりました。インターネットで調べて、同じ病気の子どもを持つお母さんと出会いました。アドバイスをもらって、空気清浄機を取り寄せるなど、本格的な対応を始めました。今までは自分たちが注意していればなんとかなってきたけど、この子は化学物質過敏症で、守っていかなくちゃいけないと気づいたのです」。

その後、学校側はユウコさんの学年だけワックスを塗るのをやめたり、夏休みの間に廊下へワックスを塗るようにしてくれました。

しかし、後ろを向いて廊下を歩いていた子どもが他の子とぶつかるという問題が起きた際に、学校側は「親御さんからクレームの電話が来て、『ワックスを塗らないから事故が起きた』と言われるのが一番怖いので、塗らせていただきます」と連絡をしてきました。そのためユウコさんは一カ月、学校を休むことになりました。

その後も、学校の隣の住宅で建て替えや壁の塗装が行われた際や、道路のアスファルト工事の際に一カ月半ずつ休んだこともあります。

修学旅行では湖畔の温泉に宿泊することになりましたが、バス会社にお願いして柔軟剤臭くないバスガイドと運転手に乗車してもらうこと、薬剤を車内で使わないことを依頼したそうです。

宿泊先では、修学旅行の数週間前にワックスを塗る予定でしたが「延期して、お嬢さんが帰った後に行う」と言ってくれたそうです。室内の清掃は洗剤を使わずに、お湯拭きにしてもらい、香りのするものは撤去してもらいました。

起立性調節障害を発症

五年生の二月頃、ユウコさんは学校に行くと具合が悪くなり、昼夜が逆転したような生活を送るようになりました。「昼頃まで目が覚めず、ゆすっても起きないし、夜中の三時頃まで目が冴えて眠れない。やっと起きてもめまいでふらつき、学校に行くのは無理な状態でした。最初は甘えているのかと思って、無理やりにでも学校へ行かせてみようかと思いましたが、顔は真っ青で、とうてい勉強できる状態ではなかった」とカオリさんはいいます。

病院にいくと、起立性調節障害と診断されました。これは、夜に眠り朝に目覚める睡眠のリズムがくずれたり、立ちくらみや頭痛、失神などの症状が発生したりする病気で、横になっていると症状が軽くなりますが、立ち上がったり、座っていると悪化します。

起立性調節障害を発症する約一カ月前の一二月下旬、学校では、子どもたちの登下校をＩＣタグで管理するための工事がありました。玄関にＩＣタグを読み取る通信機器と防犯カメラを設置し、カバンにＩＣタグをつけた子どもが通過するとその様子を記録します。通過したＩＣタグの番号を職員室のパソコンへ送信し、どの児童がいつ登校したのかがわかるようにします。さらに、保護者が希望すれば、登下校の情報携帯電話などにメールで送信するものです。

カオリさんは工事で使われる物質にユウコさんが反応することを心配し、ユウコさんの卒業後に設置するよう頼んでいましたが、工事が終わった後に、学校から工事終了の連絡があったそうです。

「始業式の前に、玄関を下見に行ったら五分とたたないうちに具合が悪くなりました。工事で使用したシーリング剤に反応して体調を崩したようです」。

その他にも小さな改修工事が続き、度々化学物質に暴露したため、ユウコさんの体調は急激に悪化し、起立性調節障害と診断されることになったのです。ようやく登校できるようになったのは、春休み明けの四月になってからでした。

教育委員会を交えて学校と相談した際、教育委員会の担当者は「こういう生徒が一人いたら、もっと空気環境を整えなくてはいけない。いろんなことをやる時にもまずお母様方の意見を聞いてください」と学校に伝え、それから学校の対応も少し変化したそうです。

部活動を辞めさせた中学校

ユウコさんの地域の公立中学校では改修工事が始まったため、ユウコさんの姉が通っているのと同じ中高一貫の私立中学校への入学を決めました。この私立中学校は、給食ではなくお弁当制だったことも決め手になりました。

中学校は、ユウコさんのために空気清浄機「ダストフリー」を購入し、ユウコさんが通う六年間はシックスクール対応のワックスを使うと約束してくれました。

入学して半年後、ユウコさんはバレー部に入部しました。体力に自信がなかったので、しばらく様子をみていたのですが「マネージャーならできるかもしれない」と考えて入部し、先輩の名前も覚え、仲良くなっていったそうです。

ところが、バレー部の顧問の先生が「具合が悪くなったら困る」という理由で、退部するように求めてきました。ユウコさんの父のヨシオさん（仮名、当時五九歳）の職場は学校に近く、何かあったらすぐに迎えに行くと説明したのですが、認めてもらえなかったそうです。

その後、ユウコさんは校長に呼び出されて辞めるよう説得を受けました。「すごく悔しかった。辞めろ、というようなことをいわれた。もういい」とユウコさんは話していたそうです。退部した後も、バレー部の先輩は、ユウコさんを見かけると声をかけてくれ、それが嬉しかったといいます。

体育館のウレタン塗装で症状悪化

ユウコさんが二年生の時、体育館の床をウレタン塗装することになりました。

ウレタン塗装は樹脂ワックスよりも塗膜が厚くなるので耐久性がありますが、原料となるイソシアネートは皮膚や目、呼吸器に影響を与え、喘息や呼吸器障害を起こすことがわかっています。

世界保健機関（WHO）の下部機関で、さまざまな物質の発がん性を分類する国際がん研究機関（IARC）は「発がん性があるかもしれない（2B）」と評価し、日本産業衛生学会が定めた作業環境の許容濃度は〇・〇〇五ppmです。ちなみに同学会のトルエンの許容濃度は五〇ppmなので、イソシアネートは一万分の一濃度に制限されていることになります。吸い込むとアレルギーや喘息、呼吸困難を起こす恐れがあり、呼吸器や中枢神経系の障害、アレルギー性皮膚炎を起こす恐れが指摘されています。

カオリさんとヨシオさんは学校に行き、ウレタン塗装をしないでほしいと頼みました。ところが学校側は、「一人の命より七〇〇人の命の方が大事だ」と答えました。「一人の生徒の命も見られないのに、七〇〇人の生徒を見られるのか？　犠牲になれということか？」とヨシオさんが聞くと、「私たちは皆の命を預かっている。犠牲という言葉はやめてください」と答えたそうです。

この学校は、キリスト教の精神に基づいて設立された学校だっただけに、「こういう対応をするとは思わなかった」とカオリさんはいいます。

ウレタン塗装をした後、ユウコさんの体調は急激に悪化しました。半日学校にいっただけでも体が重く、関節痛や頭痛が発生し、食欲がなくなり、記憶力が低下し、身体中に大きなニキビがたくさん出ました。

ユウコさんがどうしても、受けたいと希望した実力テストは別室で受けることになりましたが、帰ってくると症状が悪化していました。結局、一カ月ほど休むことになり、午前中だけ授業に出るなど、様子を見ながら学校に通いました。他の生徒のように、朝から夕方まで授業を受けられるようになるまで三カ月かかったそうです。

ユウコさんは体育が大好きだったそうですが、ウレタン塗装が原因で体育館には入れません。体育の授業には全く出られず、体育は丸一年休むことになりました。

高校受験を目前に転校へ

中学三年生の夏休み中に、特別教室に無線LANが設置されました。ユウコさんは電磁波過敏症という診断は受けていませんが、化学物質過敏症と電磁波過敏症の併発率は高いことがわかっています。カオリさんが「普通教室には無線LANをつけないでほしい」と頼むと、「じゃあ、廊下で勉強することになりますね」と言われたそうです。

さらに、全生徒が防災用のヘルメットを持つことになり、ヘルメットとそれを椅子の下に収納するゴム製のネットが設置されてから、ゴムの匂いが充満するようになりました。ユウコさんのクラスだけは、ゴム製のネットを設置していませんが、他のクラスには入ることができない状態です。ネットが設置された後、ユウコさんは足や関節がひどく痛み、自力で歩けなくなって、背負われて移動したこともあります。

この学校では、工業大学の専門家を呼んで鋳物を作る特別授業を毎年玄関で行い、ヒ素などの重金属をスプーンで鍋に入れて加熱します。ユウコさんはこの時も体調を崩し、それ以降、鋳物を作る日は毎年休むことにしています。

また学校の改修工事や農薬散布なども、事前に連絡をしてほしいと伝えているのに、いつも決定事項として一方的に伝えられ相談の余地がありません。事務長に「化学物質で体調が悪くなっているという確証はないのではないか」と言われたこともあるそうです。

「もう学校に居られる部屋がなく、限界かなと私も娘も感じている」とカオリさんはいいます。ユウコさんも毎日、我慢をしているようで「たまに泣いて、『生きている意味がない。学校に行きたくない』といいます。夜中まで私と姉が話を聞いて付き添います。学校も配慮しているのでしょうが、我慢することもたくさんあります」。

ユウコさんはこの学校で学ぶのを諦め、公立高校を受験することにしましたが、学校側は、公立高校を受験するなら退学するよう求めてきました。そこで、中学三年生の一一月に公立中学校への転校を決め、通学できそうな学校を探しています。しかし、公立中学校でも無線ＬＡＮ導入が進んでいます。

「娘には勉強をする意欲があり、将来に夢を抱いている。一日の大半を過ごす学校の環境は、どんな子にも安心で安全でなくてはいけない」とカオリさんは考えています。

8　道路工事やワックスが原因で休学

札幌市に住むサクラさん（四〇歳、仮名）は特別支援学校の教師です。息子のタロウくん（仮名）が一〇カ月の時に、モデルハウスを見に行きました。シックハウス対策をしていると宣伝しているハウスメーカーでしたが、アトピー性皮膚炎がひどく悪化しました。

タロウくんは、ハウスダストへのアレルギーやアトピー性皮膚炎もあるほか、卵と小麦の食物アレルギーもアナフィラキシーショックを起こすほど重症で、エピペンを持ち歩いています。

夫が新車を買おうと販売店へ行ったら、タロウくんの顔は「まるで信号機のように真っ赤になった」そうです。新車は新築住宅よりも化学物質が多いと言われています。車内の化学物質に反応して、強い症状が出たのかもしれません。

アレルギーの子どもを持つお母さんの集まりでタロウくんの状態を相談したところ、「化学物質過敏症ではないか？」と言われ、専門医を受診するとやはり化学物質過敏症と診断されました。

「生後六カ月で赤ちゃん用のパズルマットに反応して顔が赤くなったことがあります。『なんだろう』とその時は思っていましたが、一〇カ月でモデルハウスを見に行った時に、許容量を超えて症状が発生したのではないか」とサクラさんはいいます。

「乳児の頃、車やスーパーに入ると五分で眠ってしまい、おとなしい子どもだと思っていました。今思えば、化学物質に反応していたのかもしれません。後でパズルのピースが合うように、全てが結びついていきました。柔軟剤の匂いにも敏感です。私の後ろをついて歩くので、宅配便のドライバーが荷物を届けに来るときも後ろにいますが、荷物を受け取って振り向くと、もう真っ赤になっています」。

「息子が生まれた時は犬と暮らしていましたが、アレルギーが悪化すると医師に言われ、築九年の賃貸住宅に転居しました。ところが一日中調子が悪く、夕方になると決まって真っ赤になりました。それはちょうど、お風呂を沸かすボイラーに点火する時間でした。異常とは言えないレベルで、ごく微量の排気ガスが屋内に漏れ出していたようです。貸主に相談してボイラーを交換してもらったら、その症状は治まりました」。

「それでも屋内の化学物質に反応するようなので、寒くても、外出しても、家の窓は開けて常に換気をしていました。家にはほとんどおらず、息子と公園で過ごして夕方に戻るような状態。友人の子どもと遊ばせることもできず、社会とも断絶され、今までしていたことができなくなり、我慢することに慣れるのが大変で、どんどん辛くなっていきました」。

保育園でも過敏症の子どもを拒否

育児のために休職中だったサクラさんは、仕事に復帰することを決め、保育園を探し始めました。ある保育園は、洗濯に石けんを使い、無添加の食事を出していましたが、化学物質過敏症の症状を伝えたら「食物アレルギーが重すぎる。化学物質過敏症には対応していない」という理由で、入園を拒否されました。

結局、二次募集で入園できた、車で一〇分ほどの保育園に通うことになりました。

「夫は仕事の関係で昼近くまで息子を見てくれるし、三時頃には私が家に戻ります。週に四日、一日三時間の保育園生活でした。登園する時は、毎日、食事や昼寝用の布団、息子を抱えて車で通いました」。

過敏症の子どものケアは保育園にとって負担だったのか、在園一年目のとき、「来年は居ないんですよね？」と言われたこともあるそうです。また、タロウくんが五歳になっても〇歳児のクラスに入れることを、保育園から提案されたこともありました。「〇歳児のクラスは、人員が手厚いので十分にケアができる、というのが理由です。しかし、子どもの発達上、五歳児が〇歳児クラスにいるのは良くないと考えました」。

サクラさんは、幼稚園も含めて改めて保育園を探し始めました。すると、一つだけ通園できそうな保育園が見つかりました。「ワックスはかけないし、薬剤も一切使わず、超酸性水でおしっこの処理をし、食事や石けんも無添加。冬も窓開け換気をしています。食育に力を入れており、息子にあわせて特別食を出してくれました」。

この保育園には四年間通いました。油性マジックを使うなど幾つかの問題はあったものの、なんとか通園できたのですが、「窓がずっと空いているので、周囲で工事があると行けなくなります。隣でアパートが立ち始めて通園できないなど、一年の半分くらいは休みました」。

タロウくんは外壁を塗装している建物から一〇m離れた場所に数十秒いただけで、数分後に三八度の高熱が出たこともあり、人が大勢集まる場所でアトピー性皮膚炎が悪化したり咳が出たり、添加物や農薬のついたものを食べると下痢をしたり鼻血が出るなど、症状は深刻です。

道路工事が原因で小学校を転校

「小学校入学時、二つの小学校で養護の先生と教頭先生に会いました。A小学校は『暖房効率を良くするため、冬季の換気はしたくない』と言いました。B小学校は、『換気が感染症の予防になるのは常識だ』という認識だったので、B小学校を選びました」。

タロウくんが小学校に入学する際、サクラさんは仕事を半年休むことができたので、付き添いをしながら通学しました。市教委は、タロウくんの入学前に換気扇（ロスナイ）を設置してくれました。教科書を早目にもらって干してインクの臭いを揮発させ、授業で使うプリントやカラー刷りのテストも、数カ月に一度全部もらって、必要になる時まで干していたそうです。

「教室での座席は窓際の後方で、風が入る席にしてもらいました。参観日は、保護者の衣類についた防虫剤や合成洗剤、柔軟剤、ドライクリーニングの臭いなどを避けるために、前列へ座席ごと移動した」そうです。

タロウくんは、携帯用空気清浄機「エアサプライ」とマスクをつけて登校し、担任の先生も化学物質過敏症であることをクラスメートに説明してくれたそうですが、他の子どもたちに「こいつ頭の病気じゃないのか」などと言われるようになったそうです。「庇護されていることへのやっかみで、『弱い』と認定されて軽く暴力を振るわれました。息子は不登校になり、精神科を受診したこともあります」。

除草剤とワックスで三カ月休学

ちょうどその頃、B小学校のすぐそばで水道工事と道路工事が始まり、完成まで三カ月かかることがわかりました。「小学生がまる三カ月も家にいるのはどうかと思い、小規模校のA小学校に転校することになりました。A小学校では子ども同士のトラブルはありません。むしろ、気遣って声をかけてくれます」。

転校先の教頭は「自分の言葉で発信してほしい」と、サクラさんが書いた化学物質過敏症への理解と配慮をお願いする文章を、学校のお便りにのせてくれたそうです。また、窓拭きはガラスクリーナーを使わずに、水拭きに替えてくれました。

しかし、新しい小学校でも問題は起きました。五月のある日、校庭で除草剤が散布されました。「顔が赤くなり三八度の熱が出ました。平衡感覚がおかしくなって、家の中でもつまずいて転ぶようになりました」。夏休みにはワックスも塗られたため、結局、五月から九月まで三カ月休学することになりました。

サクラさんは小学校に対し、除草剤を撒かないよう頼んでおり、了解も得ていたそうです。文部科学省も農薬や殺虫剤の使用を必要最低限にすることや、散布日時の情報公開や子どもたちの保護を求めています。また、薬剤ではなく、害虫網や粘着トラップなどの物理的な方法を検討することを勧めています（コラム1）。

「札幌市教育委員会に『小学校が除草剤を撒くと言っているのでなんとかしてほしい』と相談した

コラム1　文部科学省も殺虫剤や農薬の削減を求める

学校での害虫やネズミの駆除について、文部科学省は次のように求めています。

・事前に、使用目的、日時、薬剤の種類、使用方法などを教育委員会等の学校の設置者に相談し、児童生徒等、保護者及び近隣住民にも可能な限り情報公開を行い、理解を求めてください。学校が発行する「学校だより」や「保健だより」等の活用も考えられます。

・農薬・殺虫剤等の散布は、必要最小限の範囲・量とし、休業日に行うといった配慮も必要であり、可能であれば長期休業中に行ってください。

・散布後、児童生徒等が散布場所に立ち入らないよう措置を講じることが必要です。

出典：文部科学省パンフ「健康的な学習環境を維持管理するために」15P

こともありますが、『学校に言ってくれ』というだけでした」。学校との話し合いは平行線で、最終的には市教委が散布しないよう学校に指導し、学校も了承しましたが、それまでに約一カ月かかったそうです。

「学校無線ＬＡＮの設置や校舎改築の予定も全部、各々の課に直接聞いてお母さんが調べろ、と市教委はいいます。教頭や先生が調べてくれますが、市教委は総合的な情報収集には対応していません」。

携帯電話基地局や無線ＬＡＮの電磁波

タロウくんが通うＡ小学校から約二〇〇ｍの場所には携帯電話基地局があります。小学三年生の教室はアンテナと同じ高さにあり、進級すると被曝量の高い場所で過ごさなければいけません。タロウくんは電磁波過敏症ではありませんが、化学物質過敏症から電磁波過敏症を併発する人は非常に多いことがわかっています。サクラさんは、二年生の一二月から、基地局に近い教室にタロウくんを入れないよう学校に求めていました。

「学校からは、教室を変えなくてはいけない論拠を出せといわれますが、電磁波過敏症と診断されたものの、まだ病名登録されていません。しかし、転校してから、顔色が悪くなり、学校に通えるのは水曜でギリギリという状態になり、寝不足でもないのに真っ青になり、手足のしびれや頭痛、不眠が数カ月続きました。アンテナに近い教室の場所はまずいと思い、測定値を論拠として、新学期直前にやっと変えてもらいました」。

化学物質過敏症への配慮

A小学校では、毎週金曜に全学年各クラスで使う教材（ノリ、色鉛筆、クーピー、セロテープなど）を連絡してもらっています。反応しそうな物質が使われる時は早退させるなど、状況に応じて対処しているそうです。

「ただし、水性ニスを他学年で使われると、三日は休まなくてはいけません。健康診断で使われるスタンプのインクや湿布など、思いがけない化学物質が症状の引き金になります。息子は、何に反応しているのか自覚できないから、私が注意するしかありません。長い時間かけてわかることもあるし、学校現場の負担も大きいでしょう。知識がないと、判断するのは難しい。今の学校は、絆創膏一つでも使えるかどうか確認してくれます」。

タロウくんは「倒れないくらいの体調」の時には、登校をしています。具合が悪くなったという連絡が小学校からくると迎えに行きますが、サクラさんも仕事があります。仕事を抜けられる時は、一時間休みをもらって学校から自宅へタロウくんを送り届けて、その足で職場に戻らなくてはいけません。

コラム2　アスファルトの健康影響

アスファルトは道路の舗装や建物の屋上防水など、さまざまな用途で使われていますが、一般的に使われているのは、原油を精製した「石油系アスファルト」です。アスファルトを加熱すると蒸気が発生し、揮発した気体が固まって雲状の微粒子を形成する「アスファルトヒューム」も発生します。アスファルト舗装道路の工事を行う作業員は、蒸気とアスファルトヒュームの両方にさらされます。

これらの作業員を対象にした研究では、目や鼻、喉の刺激、咳、息切れ、気管支喘息、肺炎、皮膚の刺激、かゆみ、発心、腹痛、食欲減退、疲労などの症状が報告されています。

世界保健機関（WHO）の国際化学物質簡潔評価文書No.59では「アスファルトヒュームに発がん性物質が含まれている可能性がある」としています。また、住民の曝露量は作業員よりも低いものの、住民の中には感受性が高く、症状や他の影響が現れる人がいることも認めました。

2013年、WHOでさまざまな物質の発がん性を検証する国際がん研究機関（IARC）は、道路舗装作業中の職業曝露について「発がん性があるかもしれない（グループ２Ｂ）に分類しています。屋根の防水作業による酸化アスファルトへの職業曝露は、「おそらく発がん性がある（グループ２Ａ）」とされています。

タロウくんは道路工事でも体調を崩します。一度、登校中に歩道の工事で体調を崩し、学校に着いたら「お腹が痛い」と言い出し、顔色も悪いということで朝九時に電話連絡が来たこともあるそうです。

サクラさんが区役所の土木科に相談すると「とても気にかけてくれて、それ以降、ガス管の修繕など、いつからどんな工事を始めるか、細かい予定も教えてくれるのでとても助かっています」。工事中は、なるべく現場に近づかないようにして、曝露を避けているそうです。

タロウくんが、道路工事で発生するどんな物質に反応しているのかはよくわかりませんが、アスファルトから発生する蒸気や微粒子（アスファルトヒューム）は、作業員に健康被害を起こすことが報告されています（コラム２参照）。

特別支援教室の開設を求めて

Ｂ小学校は、体調が悪い時に過ごせるよう「クリーンルーム」を設けてくれました。Ａ小学校では、空き教室を利用して対応してくれるそうです。

サクラさんは「文部科学省は、化学物質過敏症の子どもに対し、病状に応じて病弱・虚弱の特別支援学級へ入級させるなどの対応を取るよう認めています。化学物質過敏症の子どもには何が必要なのか、教育委員会が入って六年間サポートしてほしい。クリーンルームで過ごす時間が結構あるので、特別支援学級を作るよう求めていますが、開設にはたくさんの制約があります」。

タロウくんが小学一年の頃から特別支援学級を作って欲しいと訴えてきましたが、三年生になる今も実現していません。サクラさんは、特別支援学校で障害のある子に関わっており、「特別な支援を必要とする子どもたちの手助けするのは大人の責任だと思っています」。また、「特別支援学級を開設すると、学校にいる時間の半分は、そこにいなくてはいけません。できれば、普通学級にいる教諭の定数を増やして、体調が悪い時は一緒に空気を外で吸うとか、グラウンドで国語の授業をするとか、症状に合わせて柔軟に対応してもらえる体制ができるとありがたいです」と話されています。

9　無線ＬＡＮをオフにする小学校

大阪府堺市に住む東麻衣子さん（四一歳）は、職場のタバコが原因で受動喫煙症を発症しており、

香料自粛を呼び掛けるリーフレット

住宅のリフォームを手掛ける 大西ハウジング株式会社（名古屋市）の代表である大西正太郎さんが、「化学物質過敏症あいちReの会」が2013年に発行したリーフレットを参考に制作したもの。大西さんの妻は幼稚園に勤めているが、化学物質過敏症なので柔軟剤の臭いで体調を崩すようになった。そこで、香料自粛を呼び掛けるリーフをつくり、園内に常設している。

Reの会は、化学物質過敏症やシックハウス症候群に関するリーフレットを制作。データは同会のブログからダウンロードできる。（http://blog.canpan.info/aichirenokai/）。同会代表の藤井淑枝さんは「この香料自粛リーフは小さな子どものいる方によく利用されている。子育て世代でも困っている人が多いことを実感した」という。

有機溶剤へ曝露したのがきっかけで化学物質過敏症と電磁波過敏症を発症しました、今では症状がほぼ改善し、働きながら夫とともに六歳になるリョウタくん（仮名）を育てています。

リョウタくんは、現在、こども園の年長組です。園ではシックスクール対応のワックスを塗り、農薬の使用も控えてくれているそうです。

しかし東さんは、柔軟剤の臭いが気になったので、香料自粛を呼び掛けるリーフレット（一六五ページ）をダウンロードし、拡大コピーして玄関の掲示板に貼らせてもらったこともあります。「ほかのお母さん方には何も言っていませんが、教室内の臭いはだいぶ良くなりました。気が付いてやめてくれた人もいたみたいです。それでも、柔軟剤の臭いは多少、つけて帰ってきます」。

就学前相談で小学校の無線ＬＡＮ測定

リョウタくんは、二〇一八年春、地元の公立小学校に入学することになりました。過敏症は発症していませんが、食物アレルギーと軽いアトピー性皮膚炎、日光アレルギーがあります。日光アレルギーは、紫外線をあびると皮膚が赤くなったり、湿疹が出ます。

「紫外線防止用の特殊な布を、園の帽子の上からかぶせています。日陰でも、この布がないと顔が真っ赤になってかゆみを訴えます」。紫外線も電磁スペクトルの一部ですから、リョウタくんは電磁波に敏感な可能性があります

母親の麻衣子さんも日光アレルギーがあり、「私の体質を受け継いでいたら困るので、就学前相談を利用して二〇一七年六月、小学校へ相談に行きました」。

表14　学校無線ＬＡＮの電磁場

東さんの測定結果。アクセスポイントから最も離れた席でも0.00112μW／㎠なので、オーストリア医師会の正常範囲「0.0001μW／㎠以下」より一桁高い。

測定場所	電力密度（μW／㎠）
廊下側からアクセスポイントに向けて測定（タブレットPC未使用）	0.0038
廊下側からアクセスポイントに向けて（タブレットPC使用）	0.0198
アクセスポイントの前で測定（アクセスポイントは教卓の横）	使用した測定器で測定可能な上限値を超える
アクセスポイントから一番遠い席で測定	0.0011

測定機材：ギガヘルツソリューションズHFW35C（2.4-6GHzを測定）、測定：東麻衣子さん

校内に農薬を散布するときは事前に連絡がほしいとお願いすると「基本的に農薬は散布しない方針で、近所から要請があった場合、子ども達がいない土日に散布する」と説明されたそうです。

また、東さんは校内の無線ＬＡＮがどのように設置されているのかも確認しました。無線ＬＡＮで使う周波数は二・四ギガヘルツ（GHz）帯と五GHz帯ですが、この学校の無線ＬＡＮは五GHz帯を採用していました。

東さんが簡易測定器で、アクセスポイントの近くと離れた場所で電磁波を測ると、アクセスポイントの前では使用した測定器で測定可能な上限値を超え、一番遠い席でも〇・〇〇一一マイクロワット／平方センチメートル（μW／㎠）ありました。（表14）。これは総務省の電波防護指針はクリアしていますが、オーストリア医師会が正常範囲とした〇・〇〇〇一μW／㎠より一桁高い値です。

測定したのは子どもたちがいない状態でしたから、大勢の子どもが一斉にタブレット型パソコンを操作して無線ＬＡＮにアクセスした場合、被曝量はもっと高くなるでしょう。

なお、測定した小学校では、アクセスポイントが教卓のそばにあったそうです。アクセスポイントのそばで長時間過ごす、教職員への健康影響も懸念されます。

「測っていると頭が痛くなりました。子どもにも電磁波過敏症の症状が出たら困るので、タブレット型パソコンを使う授業時のみアクセスポイントの電源をオンにし、使わない時は電源を切ってほしいとお願いしました。話し合いは校長室でしていたのですが、隣の職員室にアクセスポイントがあり、一〇分ほどで具合が悪くなりました。自分が体調を崩すものがある学校に子どもを通わせるのはかなり不安です」。

「この小学校に、過敏症の児童はいないそうです。パソコンを使う時だけアクセスポイントの電源を切ってもらうことになりましたが、そのような対応は息子のクラスだけで、全校的に行うのは難しいようです。息子の座席はアクセスポイントから一番離れた席にしてほしいとお願いしました」。

東さんは、学校と交渉する際に名刺を作った方がいいと主治医にアドバイスされ、「堺子どもの健康と環境を考える会」を立ち上げ、名刺を用意しました。

名刺には「新たなシックスクール柔軟剤による香害をご存知ですか。香り成分はすべての人に有害です」「学校Ｗｉ‐Ｆｉにより体調を崩す児童がいることをご存知ですか？」と書いておき、「こういった化学物質で具合が悪くなります。もしよかったら、香りを控えてほしいというポスターを貼らせてほしい」と校長にお願いしたそうです。

海外には、子どもたちの被曝を最小限にするために、授業で使わない時にはアクセスポイントの電源を切るよう勧告している自治体もあります（第3章2節）。そこで、リョウタくんが進学する小学校でも、授業で使った後にアクセスポイントの電源が切れているかどうかを確認する係を決めてはどうかという提案もしました。

校長は東さんの提案を前向きに受け止めて、長さ五メートルの延長コードが付いた手元スイッチを設置しました。電源オフをする時にアクセスポイントへ近づくと被曝量が増えるので、離れていてもオフにできるようにするためです。

なお、堺市教育委員会によると、「三年前にすべての小学校に無線ＬＡＮが導入され、中学校は検討中」だそうですが、電磁波過敏症のほかにも、携帯電話電磁波でアレルギー反応が悪化するという研究もあります。また、無線の多様化は電力使用量を増やし、セキュリティ面での課題もあります。

文部科学省は、障害のある子どもも、ない子どもも共に学べるインクルージブ教育を目指しています。学校内の電磁波対策は今後、ますます必要になってくるでしょう。

二〇一八年四月、リョウタ君はこの小学校に入学しました。入学式で学校側は、東さんが保護者の皆さんに香料自粛を呼びかける時間をとってくれました。

東さんは、自身が化学物質過敏症を発症し、柔軟剤の臭いで頭痛やめまい、喘息発作、急激な血圧低下などが起きることや、息子も発症するのは防ぎたいことを訴え、重曹やアルカリウォッシュ（セスキ炭酸ソーダ）、酸素系漂白剤、香料を含まない洗剤バジャンなどを紹介し、合成洗剤や柔軟剤に頼らない洗濯方法を伝えました。

「理解のある校長先生のおかげでこのような呼びかけや手元スイッチの設置ができ、本当にありがたいことだと思っています」と東さんは言っています。

10　無線LANから有線LANに変えた中学校

埼玉県に住んでいた小林暁子さん（四八歳）は、一九八八年五月に自宅の新築がきっかけでシックハウス症候群を発症し、喉の痛みや発熱、嘔吐や下痢に悩まされるようになりました。当時一歳二カ月だった娘の愛乃さんの症状は特に深刻で、三九度台の高熱と嘔吐、脱水症状が出て、点滴が必要な状態でした。

八カ月かけて一〇軒以上の病院を巡った後、母娘ともに化学物質過敏症と診断されました。新聞や本のインク、シャンプーやリンス、合成洗剤、化粧品、香水、食品添加物や農薬など様々なものに反応し、立ち上がることも話すこともできないほどの激しい頭痛や筋肉痛、関節痛、めまい、耳鳴りなどの症状が発生します。なお、発症時の状況や症状は、柳沢幸雄、石川哲、宮田幹夫著『化学物質過敏症』（文藝春秋）で詳述されています。

二〇〇一年には、化学物質や電磁波の少ない環境を求めて、静岡県下田市に転居しています。暁子さんは、二〇〇八年にはマイコプラズマというウィルスによる胸膜炎を発症しました。通常は抗生物質で治療するのですが、暁子さんは化学物質過敏症なので薬剤への過敏性があって抗生物質が使えずに重症化し、筋痛性脳脊髄炎を発症し、二〇一一年に電磁波過敏症も併発しました。

筋痛性脳脊髄炎とは神経・免疫疾患のひとつで、ウィルスによる全身性炎症の後発症し、極度の疲労感や筋肉痛、頭痛、微熱、脱力感、思考力の障害、抑うつなどが続く病気です。

地デジテレビが引き金で電磁波過敏症に

暁子さんの息子の悠汰くんは、二〇一三年三月、小学三年生への進級を目前に控えた春休みに、地デジ対応テレビを見ていて突然、頭痛や嘔吐、めまい、腹痛が発生しました。目の焦点が合わず、瞳孔反射遅延やまっすぐ歩けないなどの症状も出たそうです。

地デジ対応テレビで電磁波過敏症が悪化した例は拙著『危ないオール電化住宅 増補改訂版』（緑風出版）でも紹介していますが、筋肉痛や関節痛、うつ症状、急激な体重減少が起きたと訴える患者さんがいます。

悠汰くんは車に乗れないため、東京にある北里研究所病院の診断は受けていませんが、市内の病院で意見書をもらって、教育委員会に提出したそうです。化学物質過敏症や電磁波過敏症を発症した時期に数カ月休んだものの、それ以外は時々休む程度で、小学校を卒業することができました。

電磁波を避けられるよう配慮

二〇一七年春から、悠汰くんは下田市内の中学校に進学することになりました。中学校には、全校に無線ＬＡＮが設置されていましたが、電磁波過敏症の悠汰くんに配慮して、入学直前の三月に学校全体を有線ＬＡＮに変更してくれました。職員室だけは無線ＬＡＮを使えるようアクセスポイントが設置されていますが、携帯電話を使うのも職員室内に限定してくれました。

教室の照明は蛍光灯ですが、悠汰くんが授業に参加している間は教室の電気を消してくれます。

暗くて蛍光灯が必要な時や、パソコンやミシン、電気工具などを使う授業や、化学薬品や電気を使った実験をする時、電子黒板やタブレット式パソコンを使う時などは、体育館と校舎をつなぐ通路の一部である「避難場所」で別室授業を受けます。

個別授業には、先生が必ずついてくれるので、自習になることはありません。「同じ時間に同じ授業を受けるわけではありませんが、通常授業に近い学習ができる」そうです。

体調が悪いと合成洗剤や柔軟剤の香料に反応することもありますが、換気をしたり、別室授業に切り替えたりしているそうです。学校にいられないほど体調が悪化した時は、家族が迎えに行くまで化学物質や電磁波を避けるために校舎の外で待機します。中学校に入ってからも八割方は登校できていたそうですが、二〇一七年七月に気圧の変化で体調を崩すようになり、休みがちになったそうです。

学校からは毎日夕方にファックスが届き、翌日の授業で電子黒板やミシン、パソコン、マイクなどの電気機器をいつ、どこで使うのかを連絡してくれます。

また外部からの訪問者がある場合は、訪問時間も教えてくれます。これは訪問者が持っている携帯電話の電磁波を避けるためです。

毎朝、前日の連絡内容に変更がなかったかを確認し、悠汰くんが登校する前に学校に一報を入れます。悠汰くんが学校にいる間は玄関の外に旗を立て、教職員や生徒が、悠汰くんの在校を把握できるようにしています。このような配慮で「全校生徒が気をつけてくれるようになった」といいます。

インフルエンザやマイコプラズマ肺炎、咽頭結膜炎（急性ウィルス性感染症のひとつ。プールの水を媒介した場合はプール熱という）など、法定伝染病の発症者が出た場合はすぐに自宅に連絡してもらうことになっています。化学物質過敏症なので使える薬がわずかしかなく、症状が悪化する可能性があるからです。

「病気になっても病院で治療が受けられないし、過敏症を理解している医師も少なく、薬剤に過敏なので使える薬が少なくて困っています。今の病気の状態では高校、大学への進学は難しく、就職先があるとは思えません。将来どのように生計を立てていけばいいかわからず、様々な不安を抱えています」と悠汰くんはいいます。

また、「校舎内の蛍光灯を全て白熱灯に切り替え、過敏症患者にとってバリアフリーな環境にしてほしい」と希望しています。

下田市の例は、過敏症であっても、学校側の配慮とちょっとした工夫で学ぶ権利が守られる良い例だと思います。このような取り組みが全国に広がることを期待しています。

11　過敏症の子どもたちの現状

一〇人の事例を見ると、ワックスや柔軟剤、合成洗剤などに反応する傾向があること、母子ともに過敏症を発症しているケースが七割を占めるなど、共通点があります。

しかし、症状の重さや反応する物質には個人差が大きく、なんとか教室に入れる状態から、別室で授業を受けたり、校庭で勉強するなど、子どもたちが置かれている状況はさまざまです。

また、学校の対応も大きく異なり、無線ＬＡＮを有線ＬＡＮに切り替えたり、香料自粛ポスターを作って掲示してくれる学校もある一方で、学校の無理解に苦しんでいる子どもや保護者がいることもわかりました。

学校側は過敏症の保護者をモンスターペアレント扱いすることが往々にしてあるようですが、保護者は学校側に子どもの病状を知ってもらうために、体調不良を抱えながらも学校行事に参加したり、積極的に先生を手伝ったりしています。

高校や大学に進学した後も、さらには就職に至るまで、次々と障壁が出現することもわかりました。より良い学校環境で過ごすことは、その子の将来を左右しかねないほどの大きな影響があるのです。化学物質や電磁波で汚染された環境で過ごしても、健康に見える子どももいるかもしれません。しかし微量であっても曝露した影響が蓄積していけば、その子の将来や次世代で深刻な影響が現れる可能性もあります。

学校環境を改善することは、子どもの一生に関わる問題だと捉えるべきでしょう。環境改善は、大掛かりな工事をしなくても十分に対応できます。例えば、ワックスやペンキを塗らない、紙粘土や画材などの教材を使う前に、子どもが利用できるかどうか確認する、蛍光灯をオフにするなど、ちょっとした心配りで対応できることも多いのです。

過敏症の子どもたちが、地域の友達と一緒に学び、遊び、部活動にも参加できるように、そして子どもたちの成長の芽をつまないように、学校だけでなく自治体や地域も一緒に考えていきましょう。

第5章　過敏症の子どものアンケート調査

筆者は、子どもの健康と学校環境の現状を調べるため、二〇一七年一一月、小学生から大学生までを対象にしたアンケート調査を行いました。

すると過敏症の子どもは不安感や鼻づまり、息苦しい、皮膚の乾燥、鈍い頭痛、頭がぼんやりする、吐き気などの症状を持ち、学校で症状を訴える率が有意に高く、全員が自分の教室や廊下、体育館で、画材、ワックス、洗剤・柔軟剤、改装・ペンキ、化粧品や消臭剤などで体調不良を起こした経験があると訴えていました。

学校を欠席する率も高く、約三割が「ほぼ登校できない」と答えています。過敏症の子どもたちが学校で学べるようにするには、どうしたらいいのでしょうか。

小学生から大学生を対象に全国で調査

アンケート用紙は、化学物質過敏症と電磁波過敏症の患者会「いのち環境ネットワーク」や、シックスクール問題の保護者が結成した「子どもの健康と学びを守る会」などを通じて配布しました。化学物質過敏症、電磁波過敏症、シックハウス症候群などを発症した過敏症発症者一一人、過敏症ではない一四人から回答がありました。

回答者は北海道から九州まで全国各地に居住する七歳から二一歳で、小学生が一三人、中学生が五人、高校生が三人、高等専門学校生が一人、大学生が三人でした（図17）。

なお、平均年齢は過敏症群で一一歳、対照群で一三歳になりました。過敏症群は男の子が六人、女の子が五人、対照群は男の子が四人、女の子が一〇人でした。

図17　アンケート参加者が通っている学校

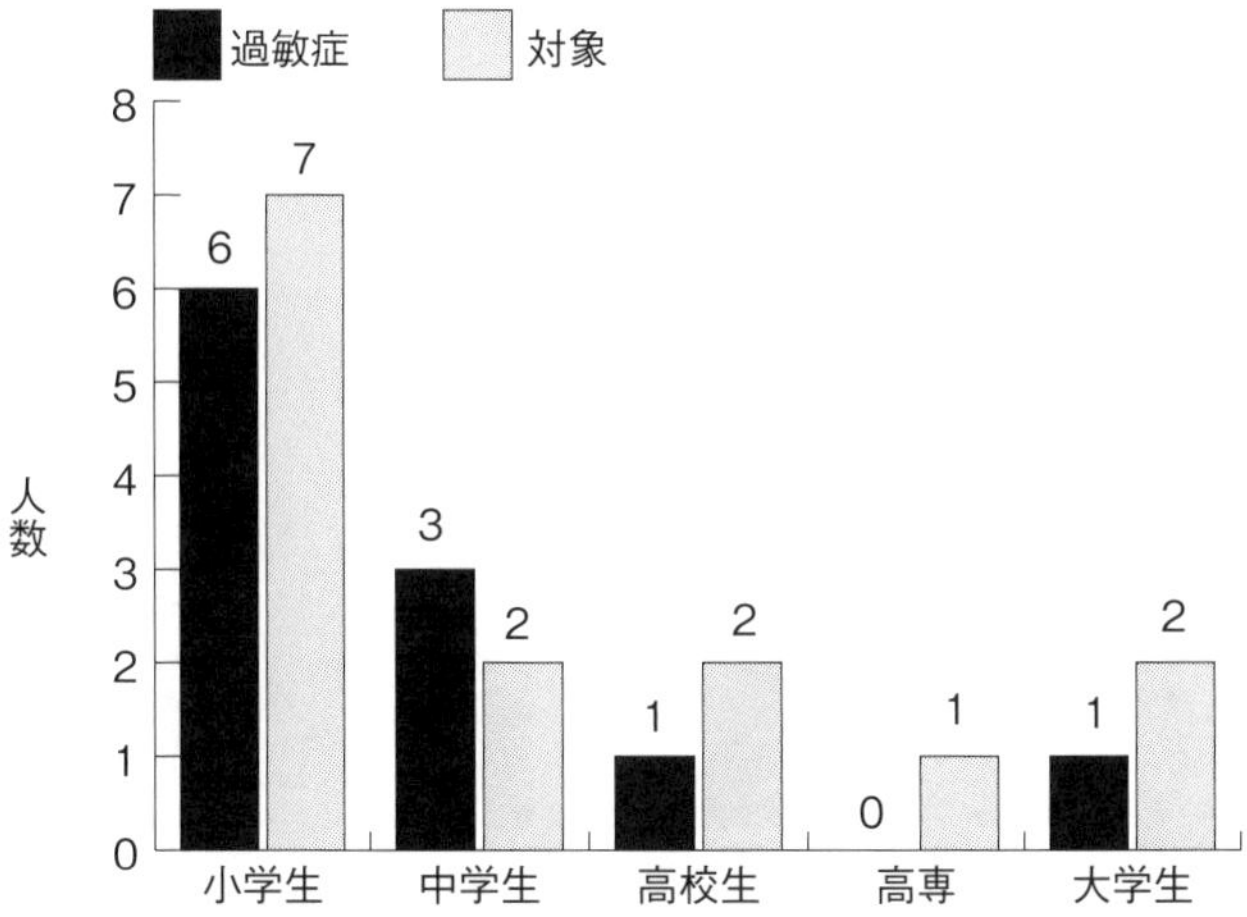

持病について尋ねると、過敏症群は七二・七%が食物アレルギーを発症していましたが、対照群は一四・三%でした。過敏症群が食物アレルギーを持つ確率は対照群の一三・八倍でした。しかし、花粉症とアトピー性皮膚炎、喘息の有病率には、有意差がありませんでした（図18）。

なお、対照群には、心臓病や中耳炎、ハウスダストのアレルギー、動物アレルギー、ストレス性皮膚炎などを発症している人もいました。

過敏症群は症状スコアが有意に高い

アンケートの質問は、早稲田応用脳科学研究所生活環境と健康調査研究会の北條祥子先生が作成された「生活環境と健康に関する調査票」を参考にしました。同調査票には、電磁波過敏症の可能性があるかどうかを調べるＥＨＳ問診票と、化学物質過敏症かどうかを調べるＱＥＥＳＩ問診票（Quick Environmental Exposure and Sensitivity

図18　過敏症群と対照群のアレルギー症状

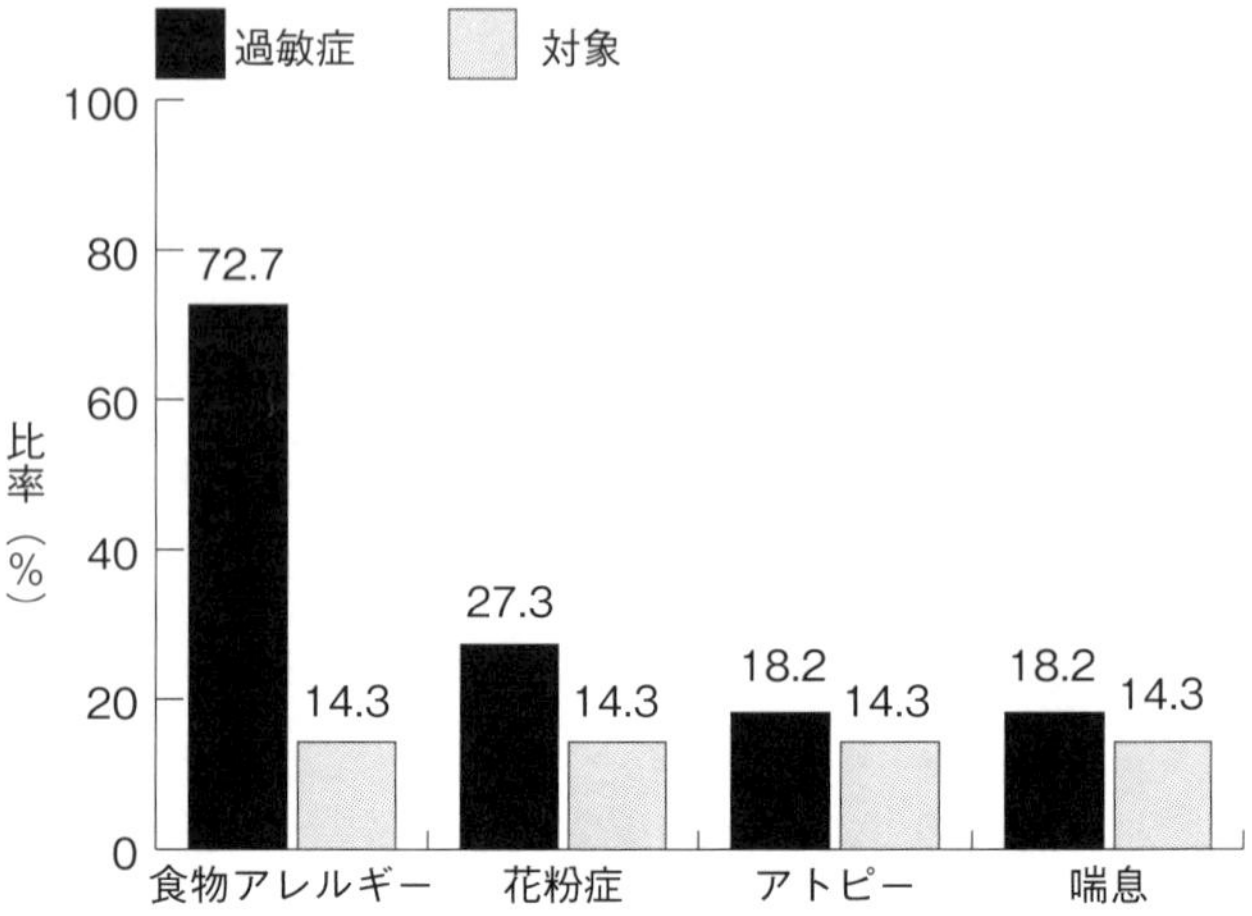

Inventory）が記載されています。

これらはいずれも海外で作られた問診票で、北條先生が翻訳し、日本向けに改良しました。症状得点が一定のラインを超えていることや、電磁波や化学物質への過敏性を調べて、発症者をふるい分ける簡易検査です。

今回の調査では、アンケート参加者の症状が電磁波過敏症または化学物質過敏症に関わるのかどうかを知るために、これらの問診票を用いました。さらに、症状の原因と思われる発生源や学校無線ＬＡＮの有無、通学状況なども尋ねています。

電磁波過敏症に関連する質問として、睡眠障害や不安感、頭痛、目眩など自律神経系や消化器系、アレルギー症状（皮膚のかゆみなど）の有無を尋ねる五七症状があるかどうかを尋ね、症状がある場合は、その程度を五段階評価で記入してもらいました。症状が「全くない」はゼロ、「少しある」は一、「まあまあある」は二、「かなりある」は三、「非常にある」

図19　おもな自覚症状

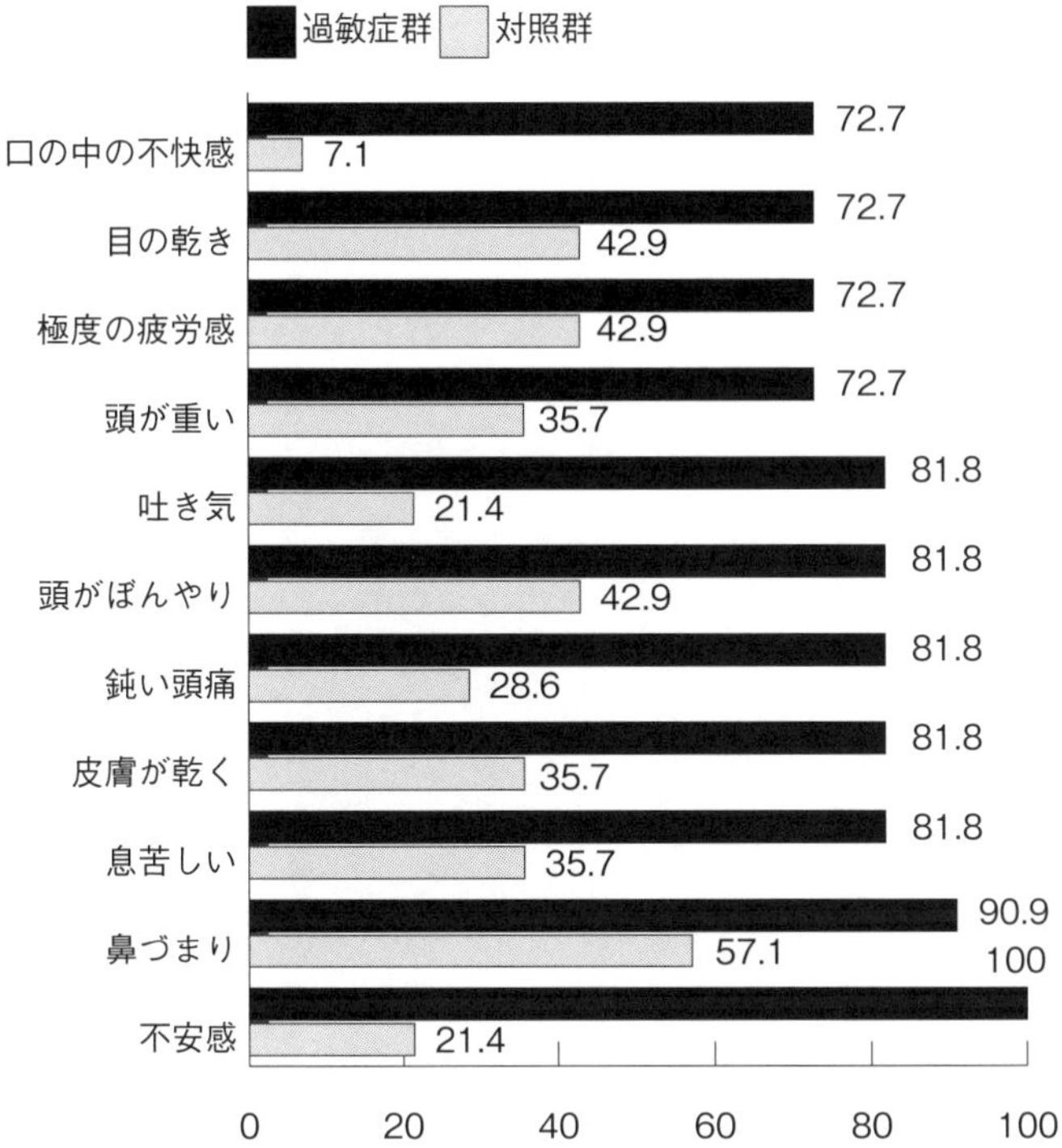

は四といった具合です。

訴えが多かった自覚症状は、不安感、鼻づまり、息苦しさを感じる、皮膚が乾いてカサカサする、鈍い頭痛、頭がぼんやりする、吐き気、頭が重い、極度の疲労感などでした（図19）。

図19で示したように、対照群でも約半数が鼻づまりや頭がぼんやりする、極度の疲労感、目の乾き、などを訴えています。学校で体調不良を感じている生徒が、健康な子どもたちの間でも一定数いるようです。

過敏症群には電磁波過敏症を発症していない人もい

ましたが、症状スコアの中央値（データを大きさの順に並べたときに、中央にくる値）は過敏症群が五三ポイント、対照群は二六ポイントでした。

この簡易検査では、スコアが四七ポイント以上で、電磁波を発生するものに敏感だと感じ、反応する電磁波発生源を明確に示せれば、電磁波過敏症過の可能性があると考えます。基準値となる四七ポイントは、北條先生が成人を対象に行った結果から導かれたものですが、過敏症群の子どもたちのうち六人はこのラインを超え、もっとも高いスコアは一六四ポイントでした。一方、対照群はもっともスコアの高い人でも三四ポイントで、自覚症状の数や重さも大きく異なることがわかりました。

なお、本当に電磁波過敏症かどうかは、専門医によって慎重に診断されなくてはいけませんが、過敏症の子どもは、症状スコアが高かったことに留意するべきでしょう。

患者群は化学物質にも敏感

化学物質過敏症のふるい分け検査であるＱＵＥＥＳＩ問診票は、化学物質過敏症の発症者を見分ける尺度として国際的に使われています。

質問項目は大きく五つに分かれています。一つは、タバコの煙や排気ガスなどの化学物質によって起きる反応の有無とその強さ、二つ目は食品や医薬品などで起きる反応の有無とその強さ、三つ目は化学物質で起きる具体的な症状とその強さ、四つ目はアルコールや香水、灯油やガスなど日常的に少しずつ取り込む可能性のある化学物質に曝露しているかどうか、五つ目は通勤や通学など日常生活での支障の有無とその程度について尋ねます。

表15　症状得点の比較

	過敏症群（中央値）	対照群（中央値）	基準値
化学物質で起きる反応	61	19	40
具体的な症状	28	4	20
日常生活の支障	43	3	10

四つ目の項目は、「はい」と「いいえ」の二択ですが、それ以外の項目は症状の重さや程度を一〇段階で評価します。「全く問題ない」はゼロ、強い反応があるなら八に、動けなくなるほどの反応があるなら一〇に丸印をつけます。これらの症状スコアによって、化学物質過敏症患者の可能性がどの程度あるのかを見ていきます。

過敏症群は、化学物質で起きる反応に関するスコアの中央値が六一ポイント（対照群一九ポイント）、食品や医薬品で起きる反応が二四ポイント（対照群八ポイント）、化学物質で起きる症状が二八ポイント（対照群四ポイント）、日常生活の支障が四三ポイント（対照群三ポイント）で、対照群よりもスコアが有意に高くなりました。

いずれも、患者の可能性があるかどうかを見極める尺度になる基準値を大きく上回っています（表15）。

過敏症群の子どもたちは、電磁波過敏症や化学物質過敏症に関わる自覚症状が多い上に症状も重く、日常生活でも困難に直面しているようです。また、対照群の子どもたちも、過敏症の子どもより症状が軽いものの、何らかの体調不良を自覚している点も気がかりです。

症状の原因と思われる化学物質と電磁波

これらの症状はどんな状況で発生しているのでしょうか。校内のワックスや絵の具、墨汁、衣類用合成洗剤や柔軟剤、学校無線ＬＡＮの電磁波への被曝などで、前述の五七症状が起きるかどうかも質問しました。

すると過敏症群では全員（一〇〇％）が、自分の教室や廊下、体育館などにいる時、衣類用合成洗剤や柔軟剤の臭いを嗅いだ時、絵の具などの画材の臭いを嗅いだ時、校内でワックスやウレタン塗装が行われた時、校舎の改装やペンキ塗装、化粧品やヘアスプレー・制汗剤の臭いを嗅いだ時、消臭剤の臭いを嗅いだ時に症状が起きると答えました（図20）。

対照群も、自分の教室（五〇％）、改装・ペンキ、接着剤、消臭剤、殺虫剤など（いずれも三五・七％）を訴え、体調不良を感じている生徒が一定数いることがわかりました。

対照群は全く反応しないのに、過敏症群だけが症状を訴えた状況は、照明がついている時（六七・八％）、墨汁の臭いを嗅いだ時（四五・五％）、新しい教科書をもらった時（七二・七％）でした。

この他にも、過敏症群の訴えが有意に多かったものには、ワックス・ウレタン塗装（過敏症群一〇〇％、対照群二八・六％）、化粧品・ヘアスプレー・制汗剤（過敏症群一〇〇％、対照群四二・九％）、絵の具などの画材（過敏症群一〇〇％、対照群二一・四％）、合成洗剤・柔軟剤の臭い（過敏症群一〇〇％、対照群二八・六％）、改装・ペンキ塗装（過敏症群一〇〇％、対照群三五・七％）、消臭剤（過敏症群一〇〇％、対照群三五・七％）、トイレボール（過敏症群六三・六％、対照群一四・三％）とシンナー・ニス接着剤（過敏症群八一・八％、対照群三五・七％）がありました。

トイレボールには、発がん性のおそれがあり、強い目刺激、中枢神経系に障害を起こすパラジクロロベンゼンが使われています。過敏症でない子どもも反応して体調を崩しているのかもしれません。

また、携帯電話を持っていない子どもは過敏症群で七二・七％でしたが、対照群は四二・八％

図20　症状が現れた状況や場所

この図に示した状況・場所は、いずれも過敏症群が有意に多かった

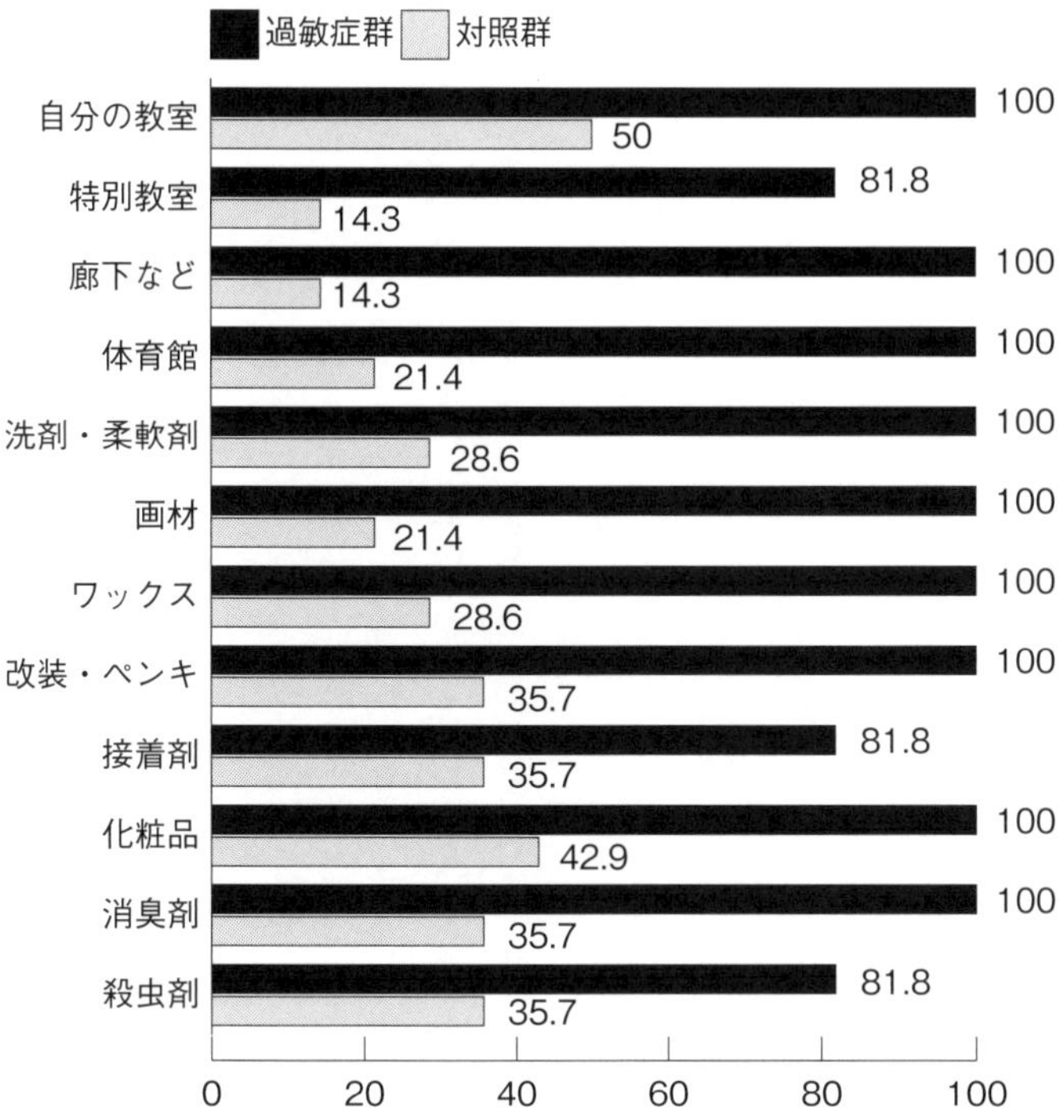

だけでした。過敏症群の四五・五%は、周囲の人がスマホや携帯電話を使っているときに症状が出ると答えましたが、対照群は七・一%にとどまり、過敏症群の体調不良の訴えは有意に高くなりました。

一方、自分が使う携帯電話やスマホなどで体調を崩す子どもは、過敏症群で二七・三%、対照群では一四・三%で、有意差はありませんでした。

これは、過敏症の子どもたちは周囲の携帯電話やスマホの電磁波にさえ、

敏感に反応することを示しているのかもしれません。また、自分で携帯電話やスマホを使う場合は、対照群でも過敏症群と同じように体調不良が発生していることを示している可能性もあります。

過敏症の子どもが通う学校にも無線ＬＡＮが設置されていることがわかりました。校内に無線ＬＡＮが「ある」と答えたのは過敏症群で五四・五％、対照群で二八・六％、「ない」は過敏症群一八・二％、対照群一四・三％、「わからない」は過敏症群で二七・三％、対照群で五七・一％でした。子どもが電磁波に反応しない場合は、無線ＬＡＮがあるかどうかさえ、意識していないのかもしれません。

一方、対照群の七八・六％は自宅に無線ＬＡＮがありましたが、過敏症群は三六・四％にとどまり、無線ＬＡＮ設置率は有意に低くなり、過敏症群は自宅の無線ＬＡＮを避けていることが伺えます。

学校に行けない子どもたち

対照群はほとんど（九二・九％）が毎日学校に通っていましたが、過敏症群で休まずに通学できるのは二七・三％で、有意に少なくなりました。「月に何日か休む」は二七・三％、「週に何日か休む」は一八・二％、「ほとんど通学できない」は二七・三％で、過敏症の子どもたちの学習に支障が出ていることがうかがえます（図21）。

学校を休む理由を尋ねると、次のような回答がありました。

・二〇一五年一〇月から耳鳴り、目眩、吐き気で週に何日か休む。周囲の人がＳＮＳなどをアップしている時に耳鳴りや吐き気を感じ、スマートメーターがついている家の近くを通ると吐き気や

図21　子どもたちの通学状況

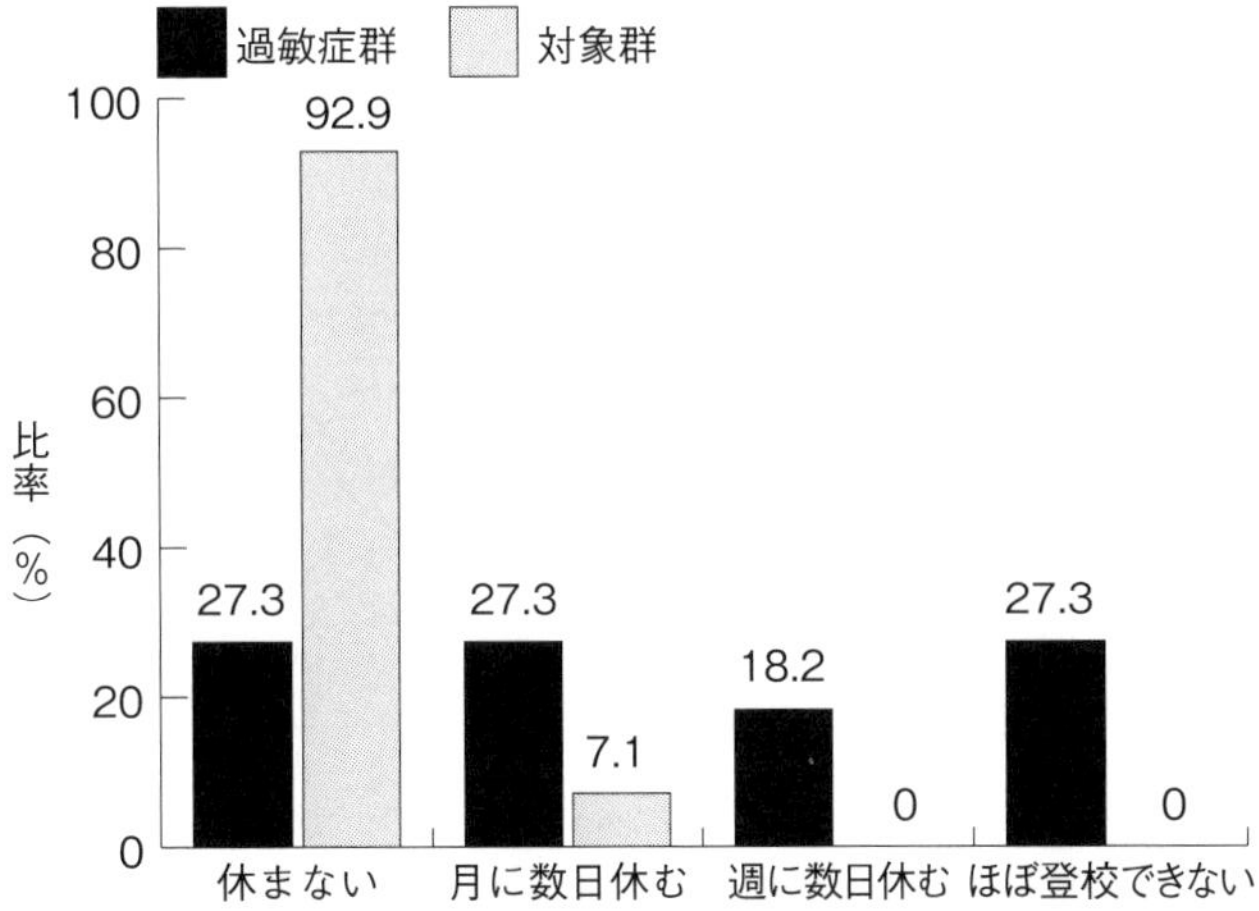

目眩が起きる（二一歳、大学生、女性）。

・二〇一六年九月から合成洗剤を使った人と同じ空間にいられなくなった。LED電球がついていると頭が痛くなり、商業施設のWiFiで体がだるくなる。周囲の人が携帯電話で通話していると、頭が痛くなる（八歳、男子、小学生）。

・二〇一五年九月から、症状が出る体育館での授業参観日にはでない。公立小学校で化学物質過敏症を発症してほとんど通学できなくなり、フリースクールへ転校した（九歳、女子、小学生）。

・二〇一七年七月から、電磁波過敏症の症状が悪化し、ほとんど通学できない。あらゆる電気製品に反応し、目の焦点が合わなくなったり、目眩、頭痛、腹痛、脱力、耳鳴り、下痢を起こす（一二歳、男子、中学生）。

・二〇一七年九月からグラウンドで勉強してい

るので、風雨や寒さが厳しい時は休む（八歳、男子、小学生）。

・二〇一六年四月から、同級生や担任の服についた柔軟剤の匂いが原因で週に何日か休む。校長は「柔軟剤は個人の自由」、「まず登校してみて、具合が悪くなったら家庭に戻す」という（七歳、男子、小学生）。

・二〇一五年一一月から、校内の柔軟剤の匂いで目眩、吐き気が起き、月に何日か休む。柔軟剤や制汗スプレーの臭いでとても息苦しい。教科書や制服、皮膚にも柔軟剤の臭いが移り、家の中でも頭痛や吐き気がするので、帰宅後すぐに下着まで着替えている（一三歳、男子、中学生）。

・全く休まないが、具合が悪くなると保健室へ行く（月に四〜五回）。校内の柔軟剤臭がすごい。とくに体育の後は、制汗剤などと混ざって頭痛や吐き気がするので保健室に行くが、寝具の合成洗剤臭がダメなので、ずっと椅子に座っている。制服や教科書、カバンにも臭いが移り、家で教科書を開くと柔軟剤臭が広がる。学校の近くでしょっちゅう野焼きがあり、頭痛がしたり、頭がぼーっとする。無人ヘリの農薬散布のときは休みます。大学受験で試験の際に、別室受験などの配慮してもらえるか心配（一六歳、女子、高校生）

すべての子どもと教職員のために環境改善を

アンケートの集計には加えませんでしたが、教師をしている五〇代女性からも回答が寄せられました。この方は電磁波過敏症と化学物質過敏症を発症しており、電磁波関連症状で一八二ポイントになるなど、症状得点は非常に高くなりました。「各教室にある電波時計で疲労感が増し、記憶が飛ぶことがある。職場の蛍光灯やLED照明で疲労感が増す。冬場に灯油ストーブを使うが、給油タンクやポンプに灯油がついた状態で放置されていると臭いで気分が悪くなる」と自由記入欄に記しました。

学校内の環境を改善し、化学物質や電磁波を減らすことは、すべての子どもたちにとって、そして教職員に取っても安全で過ごしやすい環境になるのではないでしょうか。

国立病院機構盛岡病院の水城まさみ医師は、同院を受診した四〇名の患者さんの症状スコアを調べ、化学物質に曝されてから病院を受診するまでの期間が長かった人は、治りにくい傾向があることを指摘しています。「難治化の予防には、適切な早期診断および環境改善、生活指導を含めた多方面に渡る早期介入が必要」と述べています。とくに子どもの時に発症すると「進学や就職に大きな支障が出て、未来を背負う世代にとって、将来への影響は甚大である」と述べ、子どもたちへの影響を心配しています。

ところで、日本体育大学の野井真吾博士らは五年ごとに、子どもの〝からだのおかしさ〟を保育園、幼稚園、小学校、中学校、高等学校で調査していますが、すべての年代で「アレルギー」と「すぐ『疲れた』という」がワースト五位に入っています。ほかにも、頭痛・腹痛、首・肩のこり、夜眠れないなど、電磁波過敏症の症状と重なるものが多々あります。

ちなみに、二〇一五年度の調査では、「視力が低い」が小学校で六五・六％、中学校で五七・四％ありました。すでに〝からだのおかしさ〟が確認されているのですから、幼いうちから無線LAN電磁波や香料に曝露させることで、子どもたちの健康をさらに悪化させせないよう、慎重に対応するべきでしょう。

なお、前述した過敏症のアンケート調査でも「フィギュアスケートをしているが、添加物の多いファストフードや市販のお菓子を食べるとスピンの軸が曲がったり、ジャンプが乱れると自覚しているので、食べ物には自分で気をつけている」という化学物質過敏症の小学生がいました。化学物質や電磁波などの有害な環境因子を排除することで、スポーツや学習面でパフォーマンスの向上が見られるかもしれません。

学校環境を改善することで、過敏症のこどもたちは症状を緩和することができますし、それは将来の進学や就職、出産への障害を減らすことになり、まだ発症していない子どもたちにとっても、病気の予防につながるでしょう。

参考文献

北條祥子ら「QUEESIを用いた日本の化学物質過敏症のスクリーニング用カットオフ値の設定及び常時曝露化学物質の検討」Jpn J Clin Ecol.（2008）17（2）：118-132

北條祥子「新たな環境リスク要因としての電磁場―電磁過敏症の疫学研究からの問題提起―」Jpn J Clin Ecol.（2016）25（2）：94-112

水城まさみ「化学物質過敏症の難治化要因」ＩＲＹＯ（二〇一五）：六九（三）一一七 - 一二六

野井真吾ら、日本体育大学紀要（二〇一六）：四六（一）一 - 一九

第6章　安全な環境と社会をつくるには

前述したように、化学物質過敏症や電磁波過敏症を発症した子どもたちは、身の回りの柔軟剤や香料、ワックスなどの化学物質や、携帯電話やスマートフォン、無線ＬＡＮの電磁波で体調を崩し、学校に通えない子どももいます。

発症した子どもたちが学校に通い、地域で暮らしていけるようにするには、どうしたらいいのでしょうか。

1　自治体が香料自粛のポスター制作

公共空間での香料自粛を求めるポスターをつくる自治体が増えています。柔軟剤の香料で頭痛、めまい、喘息などの症状が起きることを伝え、香料の健康影響を啓発するポスターだけでなく、化学物質過敏症が微量な化学物質で症状を起こす病気であることを説明したものまでさまざまです。

たとえば、大阪府和泉市（左ページ）や岐阜県は、喘息やアレルギー症状など、多様な症状が発生することに触れています。

岡山県倉敷市は、低濃度の化学物質に繰り返しさらされることで、同じ系統の微量の化学物質で症状を起こすことを説明し、「いつ、どんな人にでもかかる可能性があり、他人事ではありません」とすべての人に関わる問題であることを示しています。

大阪市と広島県は、「私たち一人ひとりにできることがあります」として、公共施設など人が集まる場所での香料自粛や、農薬や殺虫剤の飛散防止、害虫やネズミは清掃や進入路の封鎖で対処し、薬剤に頼らず工夫することも求めています。

化学物質過敏症は「香りを不快に感じる」だけではなく、実際に頭痛やめまい、吐き気などの症状が現れるほか、衣服についた移り香によって自宅でも症状に苦しんでいます。喘息患者も香料によって症状が誘発されます。

「香りが好き」という趣味嗜好の問題よりも、健康問題が優先されるのは明らかです。もっと多くの自治体で、香料自粛の呼びかけが行われるようになれば、今、症状に苦しんでいる人を救うだけでなく、病気の予防にもつながるでしょう。

大阪府和泉市のポスター

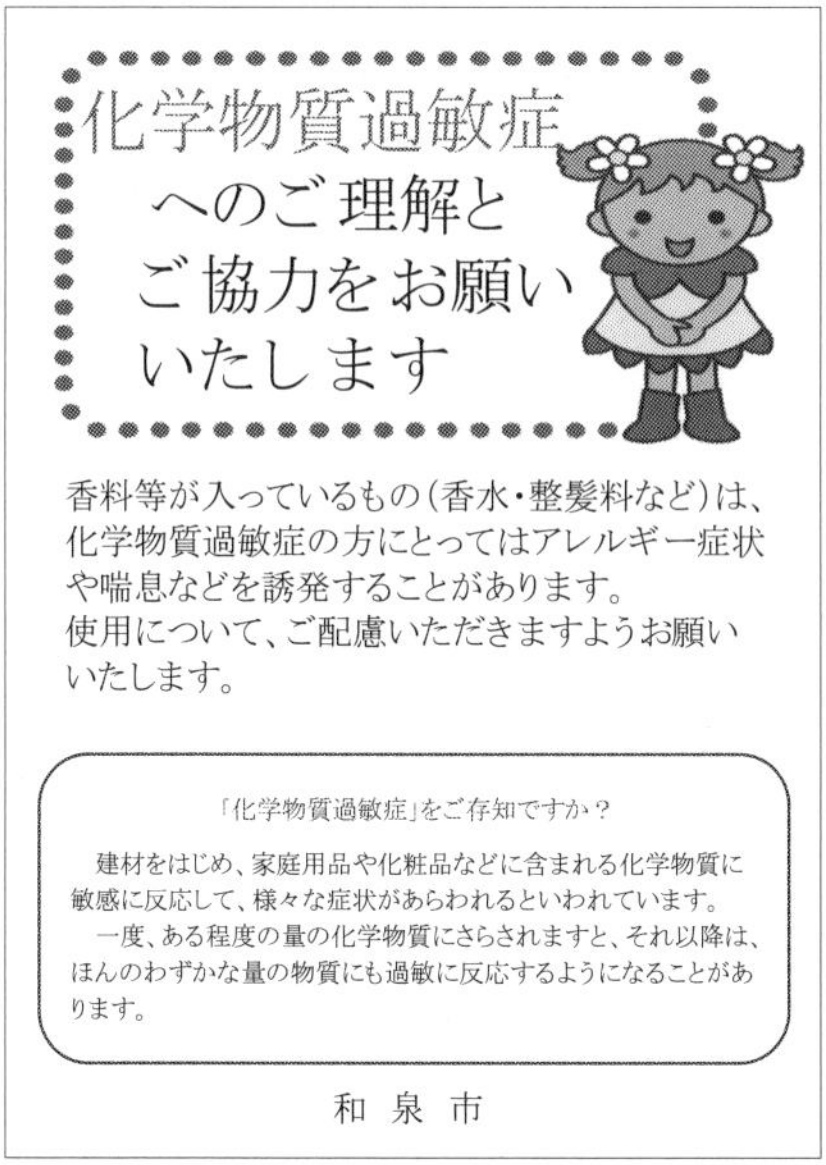
化学物質過敏症へのご理解とご協力をお願いいたします
香料等が入っているもの（香水・整髪料など）は、化学物質過敏症の方にとってはアレルギー症状や喘息などを誘発することがあります。

使用について、ご配慮いただきますようお願いいたします。

「化学物質過敏症」をご存知ですか？

建材をはじめ、家庭用品や化粧品などに含まれる化学物質に敏感に反応して、様々な症状があらわれるといわれています。

一度、ある程度の量の化学物質にさらされますと、それ以降は、ほんのわずかな量の物質にも過敏に反応するようになることがあります。

和泉市

市民の訴えでポスターを制作

札幌市保健所では二〇一七年六月に、香料による健康被害の存在を知らせるポスターをつくり、一〇月には市の公共施設の管理者などが施設内に掲示できるよう、市役所内部の全部局に配信しました。

札幌市保健所がこのようなポスターを制作したのは、二〇一七年四月末に市民団体「子どもの未来を考える中央区市民の会（以下、市民の会）」など一二団体から寄せられた要望書がきっかけでした。

同年三月、化学物質過敏症や電磁波過敏症の子どもの保護者らが、市議会議員の石川佐和子さん（五九歳、市民ネットワーク北海道）と会い、柔軟剤などに使われる合成香料が原因で子どもが教室に入れないといった問題が起きていることを相談しました。

札幌市ではちょうどその頃、新しく設置された児童図書館でシックハウス問題が発生していました。石川さんが相談を受けた校内の香料問題は、公共施設のシックハウス問題などに取り組んでいた「市民の会」にも共有され、公共施設の換気の徹底や室内の揮発性有機化合物の測定、合成香料で苦しんでいる人への配慮を求める要望書を提出することになったのです。要望書を札幌市に手渡す際には、化学物質過敏症患者も同席し、具体的な症状や体調不良の原因になる香料発生源について訴えました。

この要望を受けて、都市局などの関連部局は、正しい換気の徹底や香料による健康被害についての職員研修や周知を行うことになり、ポスター作成につながりました。

保護者による市民団体の立ち上げ

札幌では、二〇〇〇年から建材やワックスによるシックスクールが問題になり、高校の校舎改築で二人の生徒が化学物質過敏症と診断されるなど、健康被害も起きていました。当時、石川さんは市民ネットワークで環境問題を扱う環境プロジェクトのメンバーとして、これらのシックスクールの現場に足を運び、実態を調査した経験があります。

表16　香料自粛ポスターを制作した主な自治体

自治体名	指摘した発生源	指摘した病気や症状
栃木県宇都宮市	衣類防虫剤、香料（香水・整髪料）	化学物質過敏症、頭痛、倦怠感
埼玉県	柔軟剤	咳、頭痛、吐き気
千葉県佐倉市	香料（香水、芳香剤、洗剤、柔軟剤、シャンプー、リンス、整髪料）	化学物質過敏症、アレルギー症状、喘息
岐阜県	香水、整髪料、柔軟剤、洗剤、シャンプー	アレルギー症状、化学物質過敏症、喘息、頭痛、めまい
大阪府和泉市	香料が入っているもの（香水、整髪料など）	化学物質過敏症、アレルギー症状、喘息
大阪府大阪市	香料、塗料、合成洗剤、タバコ、殺虫剤、排気ガス	化学物質過敏症、動悸、不眠、吐き気、耳鳴り、目がチカチカする、体がだるい、頭痛
広島県	化粧品・整髪料・香水、ワックス・塗料、合成洗剤・柔軟剤（合成香料）、排気ガス、殺虫剤	化学物質過敏症、動悸、吐き気、腹痛、耳鳴り、不眠、体がだるい、力が入らない、目がチカチカする、頭痛
岡山県倉敷市	香料（香水や整髪料など）	アレルギー体質、化学物質過敏症
佐賀県	柔軟剤などの香料	咳、頭痛、めまい

市民ネットワーク北海道は、〇三年には、公共建築物のシックハウス対策指針を設けるよう議会で提案し、〇五年には「札幌市公共建築物シックハウス対策指針」、〇七年には「学校・園におけるシックハウス対策マニュアル」が策定されることになりました。

石川さんは、その後も化学物質過敏症や電磁波過敏症の子どもをもつ保護者らと定期的に会い、どのような問題が学校現場で起きているのかを調べていきました。「相談された保護者も過敏症なので、子どもだけの問題ではないのですが、まずは、学校の空気環境を守りたいと考えました」と石川さんはいいます。

保護者らとの会合を重ねるうちに、集まった保護者が市民団体「子どもの健康と学びを守る会」を設立することになりました。会員は一〇名ほどで、全員が化学物質過敏症や電磁波過敏症の子どもを持っています。親子ともに過敏症を発症している人が多く、なかなか参加できない人もいますが、定期的に集まって、特別支援学級開設を要望した後の学校や市教委の対応や、学校現場での問題点、改善されたことなどを情報交換しています。

過敏症の保護者は、個別に学校や教育委員会と交渉することが多いので、このように会を立ち上げて、集団で自治体と交渉するケースは全国的にも稀です。

石川さんは「自治体に対しては、香料の害をまず知ってもらい、過敏症の子どもが一緒に学べるように配慮すること、化学物質を室内に持ち込まないことを求めていきたい。国の規制も必要ですが、まずは困っている実態を伝えていくことが必要」と考えています。

札幌市内の小学校や中学校では、他の学年にも化学物質過敏症の子どもがいるのに、「当校に過敏症の子どもはあなたのお子さんだけだ」と説明したり、過敏症の子どもを持つ他学年の保護者と交流したいと学校に申し出ても、紹介してくれないなどのケースがあります。学校側との交渉のノウハウを蓄積し、情報を共有していく上でも、保護者が集団で行動する意味は大きいでしょう。

過敏症の子どもへの理解と配慮を

学校現場で化学物質過敏症や電磁波過敏症の子どもたちが、さまざまな問題に直面していることを知った「市民の会」ら一二団体は、学校でのさらなる配慮や理解を求める要望書を同年九月に札幌市教育委員会へ提出しました。

札幌市教育委委員会に要望書を提出する「子どもの未来を考える中央区市民の会」など12団体。写真2列目の左端が石川佐和子議員（撮影：筆者）。

保護者らは「教室内の香料等で、子どもが息苦しくなったり、体もかゆくなりわずかな時間しか登校できない」と訴え、当日、参加できなかった保護者の手紙も手渡しました。

「市民の会」は、化学物質対策として、①幼稚園・学校でシックハウス対策マニュアル遵守を徹底すること、②過敏症の総合的な相談窓口を教育委員会に設けること、③香料自粛を呼び掛けるポスターなどを掲示すること、④学校便り、保健便りなどで香料による健康被害への理解や、使用自粛を継続してお願いすること、⑤化学物質過敏症に関する教職員研修の徹底、⑥教材や実験で使用する材料に含まれる化学物質の事前確認と代替品の検討を求めました。

さらに、⑦校内では無線LANではなく、有線LANを設置し、すでに無線LANが設置された学校ではアクセスポイントの電源オフスイッチをつけて、使わない時にオフにすることやアクセスポイントは子どもたちからできるだけ離すこと、⑧校内で必要に応じて電磁波測定を行うことも求めました。

教育委員会の回答と取材で分かったこと

要望書一点目について教育委員会は、札幌市の「幼稚園・学校におけるシックハウス対策マニュアル」に基づく対応を行うよう周知するほか、職員研修などで化学物質過敏症に関する情報を盛り込むと回答しました。

二点目の総合的な相談窓口の開設については、化学物質過敏症の原因物質や症状は患者によって異なるので、学校現場ごとに対処法を探す必要があるため、まずは学校に相談するよう求めました。

しかし、ワックスや教材の選定は保健給食課、特別支援教育や学びのサポーターは教育推進課、工事や校舎などについては学校施設課、無線LANについてはICT推進担当課といった具合に、いくつもの部署に分かれています。

学校側との交渉がうまくいかなかったり、「学校は教育委員会の指示に従う」と説明された場合、保護者は教育委員会の各部署へ連絡し、場合によってはいくつもの部署をたらい回しにされることも少なくありません。

本書第四章でも紹介したように、保護者自身も過敏症を発症していることが多く、本来であればケアが必要な状態の人もいます。それなのに、複数の部署をたらい回しにされるのでは、身体的な負担が大きいのです。

また、仕事を持っている保護者にとっては、日中にさまざまな部署や学校と交渉するのは、非常に困難です。保護者の相談を受けて各部署に連絡する調整役を相談窓口が担うようになれば、保護者にとっては大きな手助けになります。教育委員会には是非、相談窓口を設けてほしいものです。

要望書三点目の香料自粛ポスターについては、理解を呼び掛ける方法は各園、各校が判断すべきという回答でした。

四点目の学校便りなどでの呼びかけ継続は、「引き続き教育委員会から必要な情報の提供に努める」ということでした。

これらの点について、筆者は教育委員会に取材をしました。教育委員会が発行した「幼稚園・学校におけるシックハウス対策マニュアル」では、保護者への啓発として、タバコや化粧品が健康に影響を与える可能性があることを周知するよう求めていますが、柔軟剤や消臭剤などの香料も周知の対象になると考えていいのか、と尋ねました。すると、「柔軟剤や消臭剤の香料で体調を崩すと考えられる児童生徒がいる場合、周知の対象になりうる」という回答がありました。

また、学校長宛の通知で「校外から持ち込む化粧品、合成香料などにも過敏に反応し、症状が現れる事例もある」ことや、「保護者や主治医などの関係者で配慮事項について協議し、対応すること」を周知したそうです。

香料などの化学物質によって健康被害が発生すること、化学物質の排除がすべての子どもたちの健康を守るために必要な措置なのだと、もっと積極的に保護者へ伝えてほしいものです。

五点目の教職員研修の徹底については、学校で保健活動を担う新任の教頭や養護教諭の研修で柔軟剤の臭いによる体調不良について周知した、としています。

具体的にどのような周知を行ったのか取材すると、合成香料で苦しんでいる児童生徒がいる現状を説明し、症状が理解されにくく、辛い状況にあることにも触れたということでした。しかし電磁波過敏症との併発率が高いことは説明していませんでした。

六点目の教材で使用する化学物質については「揮発性有機化合物を含まない、または使用されていないものを原則として購入」し、「安全データシートで構成材料を確認」しているということでした。取材すると、厚生労働省が指定した一三物質を対象に調べていることがわかりました。しかし、第二章で述べたように一三物質は氷山の一角にすぎません。指針値が定まっていなくても、危険性・有害性のある物質はたくさんあるので、一三物質を排除すれば安全が確保されたことにはなりません。

厚生労働省の指針値では、揮発性有機化合物の総量（ＴＶＯＣ）を四〇〇μg／㎥としています。子どもたちが柔軟剤や合成洗剤の影響を訴えた場合、授業中の教室と放課後の教室で、ＴＶＯＣを測ればどの程度の増減があるのか把握できると思うのですが、ＴＶＯＣを測定する予定はないそうです。

七点目の学校無線ＬＡＮについては、二〇一七年度からタブレット端末と無線ＬＡＮを段階的に整備することになっており、「健康面の配慮について今後も情報収集に努める」、ということでしたが、設置してから健康影響が明らかになったらどうするのでしょうか。またお金をかけて有線に戻すのでしょうか。

せめて大阪府堺市のように（第4章）、手元スイッチを設置して被曝量を最小限にするべきです。ちなみに二〇一七年度は、小学校三五校、中学校二七校に導入することになっていますが、要望書八点目で求めた電磁波測定を行う予定もないそうです。

無線ＬＡＮの導入について取材したところ、「配慮が必要な児童がいる場合は、無線ＬＡＮアクセスポイントの設置場所を変更する、機器を使わない場合に本体のスイッチや電源プラグを抜く」などの対応で「必要に応じて健康面への配慮をする」といいます。

教育委員会によると、二〇一七年四月現在で、シックハウス症候群と思われる児童生徒は二三名、そのうち化学物質過敏症が一四名（うち電磁波過敏症二名）です。電磁波過敏症の二名はいずれも小学生で、一校はすでに無線ＬＡＮを導入済みで、もう一校は次年度以降の導入を予定しているそうです。次年度の予算が確定する三月以降に学校に通知するので、現時点で保護者は導入予定を知ることができません。

無線ＬＡＮ導入によって、電磁波過敏症の子どもは通学できなくなり、学習権を侵害される可能性もあります。予算が決まってから学校を通じて保護者に知らせるのでは遅すぎます。予定時期などはできるだけ早めに保護者に伝え、導入を遅らせたり、無線周波数電磁波の届かない部屋を作るなどの対策も必要です。

無線周波数電磁波にさらされると、アレルギー症状が悪化したり、集中困難や記憶力の減少など、さまざまな影響がでますし、発達障害との関連性も指摘されています。影響を受けるのは、電磁波過敏症だと診断された子どもだけではないのです。すべての保護者へ情報提供を行い、慎重に対処するべきです。

無線LANについて教育委員会は、学校で体調不良の原因になるものを「保護者と一つ一つ確認しながら、対応することが必要」と答えました。原因を特定するためにも、無線LAN導入前後で電磁波被曝量がどのくらい増えたのか、症状と関連性があるのかを確認するために、電磁波測定と健康調査を行う必要があるのではないでしょうか。

過敏症を発症し、学ぶ機会を奪われている子どもたちは全国にいます。過敏症の子どもたちは、「ごく限られた少数の子ども」ではありません。誰もが、発症する可能性があると考えて、予防的な対策が必要です。

地元の教育委員会に働きかけて化学物質と電磁波への対策と、積極的な情報公開を求めていく必要があります。保護者をモンスターペアレントだと誤解するケースも少なくないようですが、根拠があって要望していることを学校や教育委員会には理解して欲しいものです。

2　化学物質過敏症の子どもに配慮した教科書

教科書のインクなどから発生する化学物質（揮発性有機化合物、略してＶＯＣ）も、子ども達の体調を崩す原因になります。文部科学省は化学物質過敏症でも利用できるように配慮した「対応本」を、一般社団法人教科書協会に委託して配布しています。

対応本は下記の四種類があります。例年、各自治体の教育委員会に対して対応本の希望者調査が行われています。
①天日干し（早めに配布し、学校か家庭で一カ月程度、天日干しする）
②表紙は臭いが強いので、表紙だけカラーコピーして、通常本を包む
③全ページコピー（カラーまたはモノクロのコピー）
④光触媒で化学物質を分解する消臭紙カバーを教科書にかける（教科書協会が消臭紙を送付）
対応本は多くの化学物質過敏症の子どもたちに利用され、筆者が取材した範囲では、天日干しを利用している人がほとんどでした。学校で干してくれる場合と、自宅で干すよう求められる場合がありました。

対応本が生まれたのは、第4章で紹介した小林暁子さんの活動がきっかけでした。小林さんは二〇〇〇年頃、他の患者さんと共に「教科書から揮発する化学物質について改善してほしい」という趣旨の手紙を、教科書の発行に関わる出版社約二〇〇社に送りました。これを受けて、文部科学省は二〇〇三〜二〇〇五年度に「教科書改善のための調査研究」を、一般社団法人教科書協会に委託し、化学物質過敏症の子どもへ影響が少ない教科書の策定に取り組みました。

教科書協会は、教科書による体調不良を調べるための実態調査や、教科書から発生するVOCの総量（TVOC）測定、流通経路での化学物質吸着状況も調べられました。

対応本はTVOCが大幅に低下

この委託事業の報告書を読むため、文部科学省に問い合わせたところ、二〇〇三年度の体調不良

と教科書の関係に関する研究と、二〇〇四年度の教科書の素材調査分析と体調不良の実態調査報告書はすでになく、二〇〇四・五年度の委託研究の報告書「教科書改善のための調査研究報告書」だけを文部科学省から借りることができました。

同報告書によると、通常の教科書では頭痛や腹痛、喉が苦しい、吐き気などの症状を訴える例もありましたが、対応本では体調不良が起きないことがわかりました。二〇〇四年度の調査では、二八人中二六人（九三％）がアレルギー体質で、一〇人（三六％）がシックハウス症候群、二三人（八二％）が化学物質過敏症と診断されていました。

対象者のうち一九人（六八％）は印刷物で体調不良を起こした経験があり、最も反応するものとして教科書や問題集、新聞、新しい本、表面加工をしているものなどを挙げています。

流通過程で付着するVOC

報告書によると、対応本のなかで最もＴＶＯＣ減少率が高かったのは消臭紙カバー本（一〇〇％減少）で、次いで全ページコピー本（八九％減）、天日干し本（七五％減）、表紙コピー本（二四％減）でした。全ページコピー本は強度不足という問題がありますが、天日干し本と消臭紙本はＴＶＯＣ対策として有効で教科書としての耐久性もある、とされています。

ただし、消臭紙は光触媒を利用するため、インクだけでなく周囲にある化学物質を吸着したり、化学物質を分解する過程で二次生成物が発生する心配もあります。

消臭紙本は、ＴＶＯＣがゼロだったものの、ホルムアルデヒドは、他の対応本の二～八倍高くなります。消臭紙はホルムアルデヒドの吸着剤としての効果もあるので、分解の過程で数値が高くなった可能性が指摘されています。

また天日干しの場所も重要でしょう。学校で天日干しをする場合と自宅で干す場合がありますが、化学物質を揮発するものができるだけ少ない環境で天日干しする必要があります。

例えば、製造直後と供給直前に通常の教科書のＴＶＯＣ濃度を測定すると、供給直前にＴＶＯＣが増えているものがほとんどです（表17）。これは、輸送・保管中に排気ガスや芳香剤など、周囲の化学物質を吸着したせいだと考えられています。ＰＰ加工の教科書の放散速度を平均すると、製造直後は二七・四μg／冊・時でしたが、輸送・保管を経て供給直前には三七・一五μg／冊・時と、一・三倍に増えています。

また、すべての教科書からパラジクロロベンゼンが検出されています。これは、トイレ用の芳香剤、防カビ剤、防虫剤などに使われる物質で、出荷前の教科書では検出されていません。紙は化学物質を吸着しやすいので、学校へ納入されるまでに、どこかで付着した可能性があります。

コピー本にタバコの匂いがしていたという報告もあり、保管場所での問題も改善する必要があるとされています。

時間とともにＴＶＯＣも減少

教科書が製造されてから子どもたちに届くまでには、平均で約二カ月かかりますが、教科書から揮発するＴＶＯＣの放散速度を測定すると、時間が経つにつれて減少していくことがわかりました。

「高校化学I」は、一日目には二二一・七μg／冊・時でしたが、七日目には六・三μg／冊・時と約三割程度に減少しています（図22）。

通気性のいい場所に長期間置いておくだけでも、化学物質を減らす効果があります。

教室内に四〇冊の教科書を置いた場合

では、実際に教室内に教科書を置いた場合、教室のTVOCはどのように変化をするのでしょうか。教科書協会は二〇〇五年八月八〜一〇日の三日間、同年製造された「中学校地図」四〇冊を中学校の教室内に置いて、TVOC濃度の測定を行っています。当日の気温は屋外で三〇・四度、湿度七三％、教室内は室温三六・七度、湿度五一％でした。換気回数は〇・八五回／時に設定し、ほぼ密室状態で測定しています。

すると、教科書がない状態では、TVOC二六四・〇マイクログラム／立方メートル（μg／㎥）でしたが、教科書を置いた状態では三六九・〇μg／㎥で、一〇五・〇μg／㎥上昇しました。ただし、学校衛生の基準である換気回数（三・二回／時）に当てはめると、TVOC上昇は二七・九μg／㎥にとどまる計算です。

なお、この調査で使われた教室のバックグラウンドレベル（二六四・〇μg／㎥）が、一般的なものなのかどうかは不明です。外気のTVOCは六〇・四μg／㎥で教室内の二割程度にすぎません。夏場の高温環境で密閉状態の教室なので、濃度が高くなったのか、一般の教室でもこのようなレベルなのか、文部科学省に取材を申し込みましたが回答はありませんでした。

表17　通常本のＴＶＯＣ放散速度（単位μg／冊・時）

加工	サンプル	紙質（ページ数）	製造直後	供給直前
PP	小学校生活1.2上	上質（88）	14.8	23.5
	中学校英語1	中質（120）	15.2	20.3
	高校化学A	中質（152）	32.9	42.6
	中学校地図	コート(134)	46.8	62.2
	平均		**27.4**	**37.15**
プレス	小学校保健	上質（24）	11.9	20.3
	小学校社会3.4上	中質（114）	14.9	17.9
	小学校図工5.6上	コート（32）	37.8	25.8
	平均		**21.5**	**21.3**
UVニス	小学校理科3	上質（76）	22.7	10.7
	中学校地図1上	中質（142）	9.7	16.0
	平均		16.2	13.3
ニス引き	中学校国語3	中質（330）	6.4	11.3
	高校世界史A	中質（184）	15.5	17.8
	平均		**10.9**	**14.5**

参考：教科書協会「教科書改善のための調査研究報告書」25ページ表11より改変。「平均」は筆者が加筆

図22　教科書から揮発するTVOCの変化

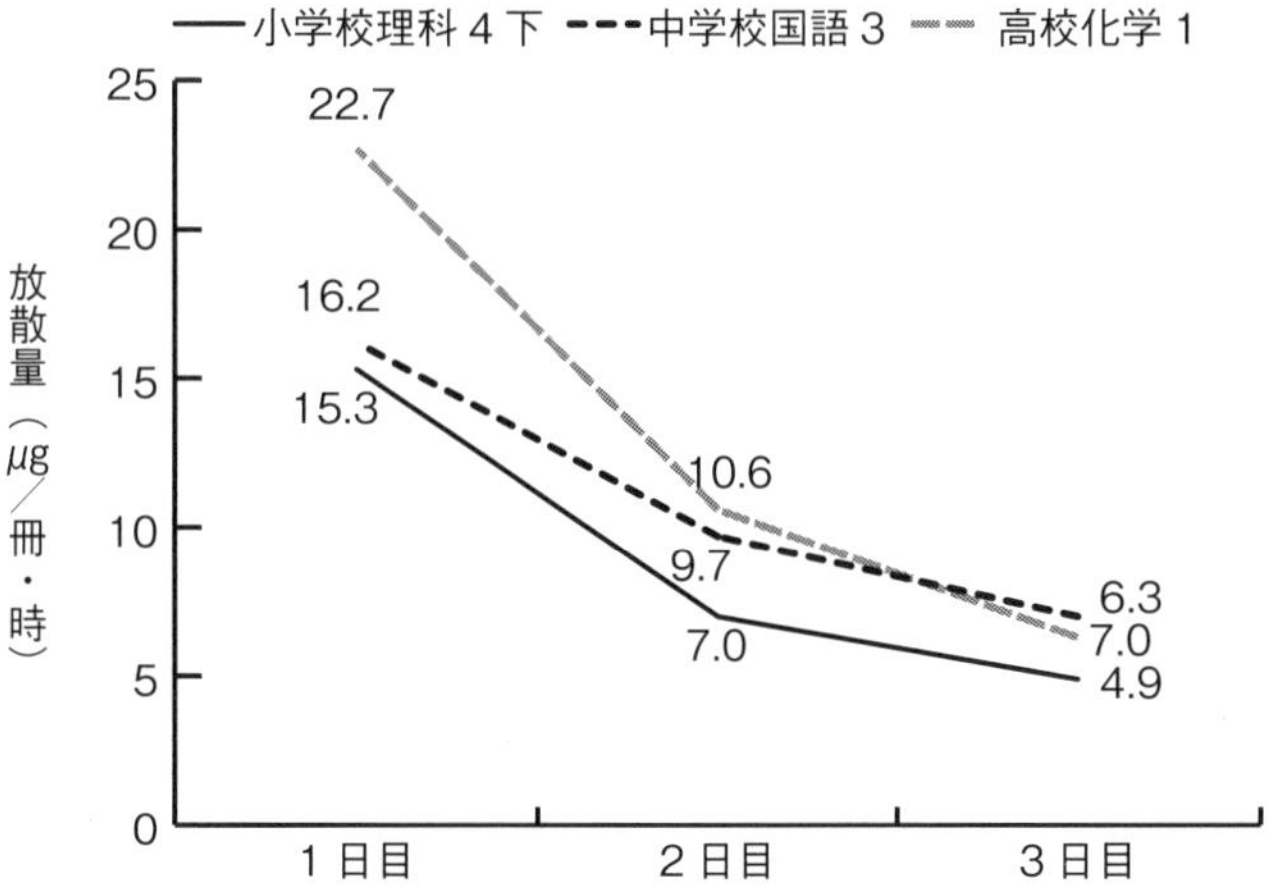

社団法人教科書協会「教科書改善のための調査研究報告書」（2006年）

今後の課題・情報提供と有害物質削減

過敏症の子どもを持つ保護者の働きかけで生まれた対応本ですが、学校側に化学物質過敏症の診断書を出していたのに、対応本の存在を教えてもらえなかった保護者もいます。残念なことに、必要としている人に情報が届いていないのが現状です。学校の無理解で苦しんでいる子どもや保護者へ、必要な情報を確実に伝える仕組みが必要でしょう。

また、家で教科書を干すよう求められて頭を悩ませる保護者もいました。寒冷地では、春先でも降雪によって屋外で干せない場合があります。屋内で干せばインク臭が居住環境を汚染することになります。教科書だけでなく、学校で使うドリルの臭い対策を求める保護者も大勢いました。

なお、表17で示した通常本のTVOC放散速度をみると、PP加工が最もTVOCが多く、次いでプレスコート、ニス加工、ニス引きとなっています。一方、表紙を加工しないとTVOCが一四・八%増えることもわかりました。TVOCの多い加工をやめて、できるだけ少なくなる加工方法を採用することはできないのでしょうか。化学物質過敏症の子どもをもつ保護者の働きかけでこのような対応本が作られたのは素晴らしいことですが、情報提供のあり方やドリルのVOC対策、表紙加工や流通経路の汚染削減など、さらに改善していく余地がありそうです。

化学製品のVOCが大気汚染の原因に

アメリカ海洋大気庁（NOAA）のブライアン・マクドナルド博士らは、石油化学製品から発生するＶＯＣが大気汚染の主な原因になっていると報告しました。

ガソリンや溶剤などに含まれるＶＯＣは、自動車や工場の排気ガスに含まれる窒素酸化物（ＮＯｘ）と太陽からの紫外線によって化学反応を起こし、光化学スモッグや浮遊粒子物質（ＰＭ２・５など）を作りだし、呼吸器疾患を増やします。

アメリカ環境保護庁（ＥＰＡ）は自動車から発生するＶＯＣが七五％、化学製品から発生するものが二五％と推計していました。しかしマクドナルド博士らは、車からの排出が規制によって着実に減少している一方で、石油化学製品（殺虫剤、印刷インク、ペンキ、接着剤、化粧品などのパーソナルケア製品）から発生するＶＯＣの割合が相対的に増加し、都市によっては石油化学製品からの排出が約四〇～六〇％に達すると推計しています。

有機化合製品から発生するＶＯＣの屋内濃度は、屋外より約七倍高く、主な物質はテルペン類（リモネンなど）やグリコール類（２‐ブトキシエタノールなど）、芳香族（トルエン、キシレンなど）でした。リモネンは香料成分として非常によく使われる物質です（香料については第３章で詳述）。

人々は屋内でほとんどの時間を過ごすので、消費者に利用される有機化合製品は、空気中の毒性物質への曝露の重要な発生源として残っていると警告しています。

環境省もＶＯＣ削減を呼びかけ

日本では昭和四〇年代に光化学スモッグが問題になりましたが、近年、また増加傾向にあります。

マクドナルド博士らは、有機化合製品による屋内での揮発量は、工業国では類似していると指摘しているので、日本でも消費者向けの製品からの放出割合が大きくなっているのかもしれません。

環境省は、大気汚染の原因になるVOCを減らすために市民ができることとして、具体的な対策を示していきます（コラム1）。

東京都も橋梁にVOCの少ないペンキを使用するなど、VOC削減に乗り出しています。学校でも同様の対策が必要ではないでしょうか。

VOCの少ないペンキやワックス、接着剤を使うことは、〝特殊で少数〟な過敏症の子どもへの対応ではなく、私たちが暮らす環境を改善し、呼吸器疾患による死亡率を下げることにつながるのです。

参考文献

社団法人教科書協会「教科書改善のための調査研究報告書」（二〇〇六年）

McDonald et al., Science（2018）359:760-764

Cooperative Institute for Research in Environmental Science. "Consumer & industrial products now a dominant urban air pollution source"（2018.2.15）

3　障害のある子もない子も共に学ぶ

現在、文部科学省は、障害のある子どもも無い子どもも共に学ぶ「インクルーシブ教育システム」の実現を目指しています。インクルーシブ（inclusive）は、「あらゆる人々を受け入れること、全てを

コラム1　環境省が示した「私たちにできること」

・ペンキフェルトペン、床用ワックスを使う時は、ＶＯＣ含有量が少ないものを利用する。
・ＶＯＣを含むスプレー製品を買わない。
・不必要な個別包装のものを買わない。
・レジ袋はなるべくもらわず、マイバックを使う（編注：レジ袋の印刷インクもＶＯＣを発生させるため）。
・環境に配慮する企業の製品を積極的に利用する。

引用：環境省パンフレット「揮発性有機化合物について　光化学スモッグのないくらし」より

含めること」を意味します。日本語では該当する言葉がなかなか無いのですが、「包容」や「包摂」と訳されることが多いようです。インクルーシブな社会は、障害者をはじめ、あらゆるマイノリティが、社会の一員として存在する多様性のある社会といえます。

一方、障害のある人を健常者の社会から排除することをエクスクルージョン（exclusion、排除）、障害者だけを健常者社会から分けることをセグレゲーション（segregation、分離）、健常者の社会に障害者もいるけれども別のカテゴリーとして存在することをインテグレーション（統合）といいます。

現在、障害のある子どもは、原則として特別支援学級・学校で学ぶことになっていますが、これは分離（セグレゲーション）にあたります（図23）。

化学物質過敏症の子どもが、柔軟剤の匂いなどが原因で教室に入れず、別教室で勉強するよう求められることも、「分離」です。しかし、衣類用柔軟剤を使わないよう同級生や教職員が協力したり、必要に応じて換気扇や空気清浄機を設置したり、窓を開けて換気するなどの対策をとれば、インクルーシブ教育が実現できるでしょう。

電磁波過敏症の子どもが学べるよう、校内の無線ＬＡＮを有線に変えた静岡県の中学校の対応もインクルーシブ教育を実践した例といえます。

社会的障壁を取り除くのは社会の責任

文部科学省はなぜインクルーシブ教育システムを推進することになったのでしょうか。その背景には、国連総会で二〇〇六年に採択された「障害者の権利に関する条約（障害者権利条約）」がありま す。この条約では、障害者の人権や基本的自由を守り、障害者が自分らしさを尊重して生きられるようにすることを目指しています。

日本は翌二〇〇七年に同条約に署名し、国内法の改革を始めました。二〇一一年には「障害者基本法」を改正し、二〇一二年には障害者総合支援法をつくり、二〇一三年には「障害者の雇用の促進等に関する法律」を改正するほか、「障害を理由とする差別の解消の推進に関する法律」（以下、障害者差別解消法）を成立させ、二〇一四年に障害者権利条約を締結しました。

障害者権利条約では、障害が存在するのは社会に問題がある、ととらえる「社会モデル」を採用しています。一方、これまで日本で採用されてきた「医学モデル（個人モデルともいう）」では、障害は個人の問題なので、克服するために個人が努力するべきだと考えます。

社会モデルでは、車椅子の利用者が図書館を利用しようとした時に段差があって建物に入れない場合、「〝スロープがない〟ことが社会的な障壁（バリア）を作り出しているので、そのバリアを取り除くのは社会の責任だ」と考えます。

二〇〇三年にストックホルム市（スウェーデン）が主催した電磁波過敏症の国際会議でも社会モデ

図23　障害者と社会の関係性

エクスクルージョン（排除）

セグレゲーション（分離）

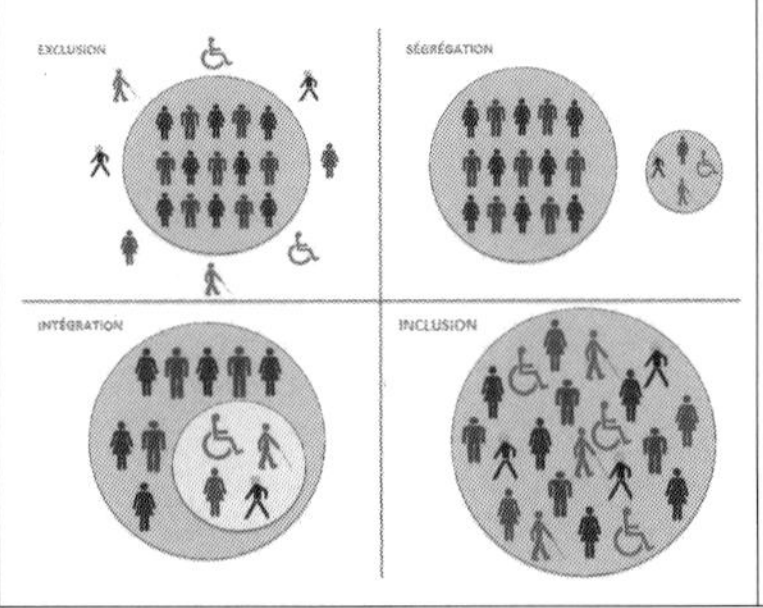

インテグレーション（統合）

インクルーシブ（包容、包摂）

「排除」は、子どもが教育を受ける機会を妨げられたり、否定されたりする時に起きる。「分離」は、障害に応じた環境で教育するために、障害のある子どもが分けられている。「統合」は、障害のある子どもを一般的な教育機関に配置しているが、障害のない子どもと分けられ、1カ所に集められている。「インクルーシブ」は、対象となるすべての生徒に、参加型の学習体験と、ニーズにあった環境を提供することと、組織やカリキュラム、指導方法などの改革が含まれる。これらの改革をせずに、障害のある子どもを普通学級に配置するのはインクルーシブ教育にならない。

参考：国連障害者権利委員会「インクルーシブ教育を受ける権利に関する一般的意見第四号」、図出典：Avis du Conseil économique, social et environnemental,France " Mieux accompagner et inclure les personnes en situation de handicap : un défi, une nécessité" (2014)

ルに則って、「車椅子利用者にスロープが必要なように、電磁波過敏症発症者には電磁波のない空間が必要だ」と説明されています。

なお、スウェーデンは電磁波過敏症を障害として認めており、一定の要件を満たせば、法律で認められた支援を受けることができますし、欧州評議会（ＣｏＥ）もスウェーデンのように電磁波過敏症発症者を障害として認めるべきだ、と加盟四七カ国に勧告しています（第2章）。

アメリカでも二〇〇二年に、「障害のあるアメリカ人法（アメリカ障害者法ともいう、略称ＡＤＡ）」で、化学物質過敏症と電磁波過敏症は障害として認められると連邦政府が発表しています（第2章）。

合理的配慮を提供しないのは差別

障害者権利条約では、障害者に「合理的配慮」をしないことは差別になると定めています。合理的配慮とは、社会的な障壁（バリア）を取り除く必要があると障害のある人から伝えられた時に、負担が重すぎない範囲で対応することです。

たとえば、二〇一七年に起きたバニラ・エア問題では、車椅子を利用する乗客が、同行者にかついでもらって搭乗タラップを登ろうとしたところ、空港職員に止められ、車椅子を降りてタラップを這って登ることになりました。この問題で批判を受けた同社は、階段昇降機を設置するなど、車椅子の乗客にも対応できるよう「合理的配慮」を行いました。

障害者差別解消法では、国や自治体には合理的な配慮を義務付け、企業には努力義務とすると規定しています。

障害者権利条約第二四条では、学校教育で個人に必要とされる合理的配慮が提供されるよう確保すること、障害を理由に一般的な教育制度から排除されないこと、障害者が人格や才能、想像力、精神的・身体的能力を最大限度まで発達させること、自由な社会に効果的に参加できるようにすること、必要な支援を一般的な教育制度の下で受けることを定めています。

また第二七条では、職場で合理的配慮が障害者に提供されるよう、締約国が適切な措置をとることを求めています。

国連障害者権利委員会が発表したガイドライン「インクルーシブ教育を受ける権利に関する一般的

意見第四号」では、「障害のある人は、歴史的に福祉の受益者とみなされてきたが、今では国際法の下で、差別を受けることなく機会均等に基づき教育を受ける権利を主張する権利所有者として認められている」と明記しています。

さらに同条約第二四条を補足し、インクルーシブ教育とは「障害のある人が貧困から脱し、地域社会に完全に参加する手段を得、搾取から保護されることを可能にする手段」であり、「インクルーシブな社会を実現するために主要な手段」と位置付け、最終的には障害者の就労も目指しています。

かつて、障害のある子どもは、地元の学校ではなく遠方の特別支援学校に通うよう求められていましたが、「教育環境は、障害のある人にとって安全で物理的に近いところになければならず」、「自宅から離れた学校に行かされるべきでは無い」と、子どもが地域社会で学ぶことを重視しました。

また「合理的配慮の不提供は、障害を理由とした差別になる」ことを指摘し、「締約国は障害に基づくあらゆる差別を禁止し、障害のあるすべての人に、いかなる理由による差別に対しても平等かつ効果的な保護を補償しなくてはならない」と明記しています。

国会でも過敏症を障害者として認める

障害者差別解消法では、障害者を「身体障害、知的障害、精神障害その他の心身の機能に障害がある人で、障害及び社会的障壁によって継続的に日常生活や社会生活に相当な制限を受けている状態」と定義しています。

二〇一七年二月、高橋千鶴子衆議院議員は化学物質過敏症への対応と患者への配慮を政府に求め、化学物質過敏症も「それを原因とする心身の機能の障害が生じており、かつ、当該障害及び社会的障壁により継続的に日常生活または社会生活に相当な制限を受ける状態にあると認められる場合、障害者差別解消法で定める障害者の対象になり得る」という回答を内閣府から引き出しました。

二〇一七年六月、筆者は東麻衣子さん（第4章）、電磁波過敏症を発症した宇都宮市議会議員の西房美さんとともに各省庁との交渉を行いました。

電磁波過敏症は、化学物質過敏症のように病気として認められていませんが、発症者は電磁波という「社会的障壁」によって「継続的に相当な制限」を受けています。障害として認められ合理的配慮がうけられるようになるなら、発症者は社会参加しやすくなります。

電磁波過敏症が障害として認められるか内閣府に尋ねると、心身の機能の障害が起き、その障害と社会的障壁で相当な制限を受けている場合は、障害者差別解消法の障害者となりうるということでした。ただし、同法ではあくまでも合理的配慮を求めることができるだけで、厚生労働省の障害者手帳のように客観的な認定制度があるわけではありません。何か問題があったら、個別の案件ごとに担当の相談窓口へ行くよう求められました。

しかし、障害者差別解消法を各省庁や自治体が十分に理解しているとは言えないのが現状で、「病名認定していないものは対応できない」と断られるケースが多々あります。

「法律が採用した社会モデルの考え方は、従来の障害者施策が拠り所にした医学モデルの対極にあるので、事業者や行政機関など末端まで社会モデルを理解しているとは言えない状態。誤った認識を示された場合は『それは間違っている』と一歩一歩進めていかなければいけないと思う」と内閣府は回答しました。

社会の理解が深まるまでまだまだ時間がかかりそうですが、問題があれば一つずつ指摘し、実績を作っていくしかないようです。

東さんは、日本航空（ＪＡＬ）の国際線を利用した際、機内で配られたアロマおしぼりで頭痛が起きて、酸素吸入を受けた経験があります。鉄道やバス会社などの交通機関でもアロマサービスと称して、香料の噴霧が「サービス」として行われています。

また、乗客の携帯電話やスマートフォン、公衆無線ＬＡＮなどの設置によって、電磁波が電磁波過敏症発症者の社会参加を阻む障壁になっています。西さんは、交通機関で他の乗客が使う携帯電話やスマートフォンが原因で頭痛や耳鳴りが起きます。市議会の議場でも、携帯電話電磁波で何度も倒れて救急搬送されており、議場での電源オフを求めたのに実現されなかったのは、安全配慮義務違反だとして、宇都宮市を提訴しました。

国土交通省に香料や電磁波の規制を求めると「電磁波過敏症や化学物質過敏症は症状が多様で原因を絞り込むのが困難。これをやれば防げるという方法が、環境省や総務省でも研究できていないのではないか。引き続き情報収集をしていく」といいます。

化学物質にしても、どの化学物質が原因なのか、特定できなければ対処できないと言いますが、香料として登録された物質だけでも四〇〇〇種以上あるのですから、一つ一つの安全性を検証して何が有害なのかを解明するには、相当な時間がかかるでしょう。

諸外国が「無香料ポリシー（方針・政策）」を導入しているように、香料を一律で禁じる方が合理的ではないでしょうか。情報収集を理由に、対策を先送りにするのは、今、困難に直面している人たちを見捨てることになります。

学校無線LANと合理的配慮

文部科学省との交渉で東さんは、「学校に合理的配慮を求めたら、診断書を出して欲しいと言われた例もありますが、日本では電磁波過敏症が病名登録されていないので診断書をもらえません。そう言った状態で隙間に挟まって動けない人を救済してもらえるように、無線の無い教室を用意するなどの対応をしてほしい。文科省は学校や自治体が個別対応をするというが、自治体では予算が取れないと突っぱねられます。そういう場合はどこに相談すればいいのか」と訴えました。

文部科学省は、「厚生労働省で何か判断すれば、周知するなどそれなりの対応をする」と答えるだけでした。

後日、東さんが電磁波過敏症の病名登録を厚生労働省に要望すると、「確立した疾病概念や診断基準が書かれている文献等が見つけられず、各学会の用語集にも電磁波過敏症の記載はありませんでした」として、まず、関連学会に要望するよう求められました。

筆者が文部科学省に対して「無線ＬＡＮで被害が出ないように、何らかの対策が必要では無いか」と尋ねると、「指定校を変えるなどの対応を個別に行う」といいます。

しかし、政府はすべての学校に無線ＬＡＮを導入しようとしているのに「指定校を変えればいい」というのはおかしな話です。無線ＬＡＮ導入率一〇〇％になったら、過敏症の子どもはどこで学べばいいのでしょうか。

そもそも合理的な配慮をせずに「学校を変えろ」というのは分離を強制することです。障害のある子どもも無い子どももともに学ぶインクルーシブ教育の理念に逆行しており、障害者差別解消法と障害者権利条約に反する行為です。内閣府が指摘したように、省庁の理解はまだ不十分なようです。

なお、文部科学省によると「体育館は、総務省の防災拠点になるので無線ＬＡＮが整備されているが、過敏症の生徒が使う時に無線を切るのは技術的に可能で、そういう配慮も考えられる」ということでした。

このような対応が可能であることを、教育委員会や学校に通知して欲しいと頼むと「化学物質過敏症への対応は学校側に示しているが、配慮事項として無線ＬＡＮを含めることができるか検討したい」ということでした。

無線ＬＡＮがない環境がベストですが、設置された場合は必要な時だけオンにし、不要時は電源オフにすれば、子どもたちの被曝を抑えられます。ぜひ、配慮事項として通知してほしいものです。

ところで、海外では学校無線ＬＡＮによる健康被害や自殺、集団訴訟がすでに起きていますが、そのような問題が発生した場合の責任は誰が取るのでしょう。文部科学省に責任の所在を尋ねると、「無線ＬＡＮは総務省で安全だと示されている。文部科学省は総務省の対応を踏まえて判断する」といいます。

無線ＬＡＮの入った教室での電磁波測定を行うかどうか尋ねると「総務省で安全が示されているので、測定はしない」そうです。

予防原則を無視する総務省

総務省は、二〇二〇年度までに、学校や公民館、公園など災害発生時に避難所として利用される施設三万カ所に公衆無線ＬＡＮを入れようとしています。そうなると電磁波過敏症の人は利用できません。

内閣府に対し、発症者に何らかの配慮をしてもらえるのか尋ねると「避難所の生活環境は自治体が判断するのが望ましい。避難所は災害によって住む家が被害を受けた時に避難する場所だが、必ずしもすべての人が避難する場所では無い」といいます。

「発症者は避難所を利用するな、ということか」と尋ねると、「そうは言っていないが、避難所のスペースは限られた状況なので、その上でどう臨機応変に対応するか、自治体に考えていただく」ということでした。

一方、総務省は、電磁波過敏症を、電波による健康問題としては考えていません。諸外国では予防原則に基づいて指針値を引き下げたり、子どもの被曝を減らすための対策を取っていますが、総務省は「科学的根拠が示され、それによって指針値が適切に設定されるなら、それを尊重して対応する」といいます。

しかし、電磁波の有害影響を示す科学的根拠は年々増加しており、それに基づいて欧州など諸外国は対策を取っているわけです。総務省はどのような状況になれば、科学的に立証されたと判断するつもりなのでしょうか。

欧州連合（EU）で環境問題を扱う欧州環境庁（EEA）は、二〇一三年に『早期警告からの遅すぎた教訓：科学、予防、技術革新』を発表し、予防対策が遅れて被害が拡大した事例を報告しています。DDT（有機塩素系殺虫剤）やタバコ、チェルノブイリや福島の原発事故と並んで、水俣病と携帯電話電磁波の問題も取り上げられています。

EEAの報告書では、水俣病に対する日本政府の対応を厳しく批判しています。水俣病は一九五六年に公式に確認され、「工場排水による水銀汚染が原因だと考えられていたのに、政府は汚染の停止や魚の消費を禁止しなかった」、「この問題は、日本が人為的な病気を扱うことについて、未だに民主的な意思決定が欠けていることを意味する」と批判しています。過去の公害から何も学ばず、対応を先送りするのは、賢明とは言えません。

意識の改善と法整備の推進を

障害者の権利保護と社会参加の機会平等を求めて活動している国際NGO「DPI日本会議」議長補佐の崔《さい》 栄繁《たかのり》さんは、日本でインクルーシブ教育を推進するには、意識の改善と法整備が必要だと考えています。

「障害のある子どもの就学先の決定は、本人や保護者の意見を尊重することになっていますが、教育委員会の総合的な判断に任されています。普通学級に障害のある子どもがいない状態が数十年続き、親御さんや教師も分離教育で育っています。教育委員会からは、特別支援学校・学級のほうが手厚く支援や配慮ができると勧められるのが一般的です」。しかし「基本的に地域の学校に就学するということを明確にした上で、希望があれば特別支援学校・学級に行く仕組みを作るべきです」と崔さんは言います。

「例えば車椅子の子が入学したのにエレベーターがない場合、教室を一階に集めようとか、いろんな工夫をしながら環境整備を進めていくことになるでしょう。法律や条約の理念を使って、授業のやり方を工夫したり、普通学級に障害児も入っていいんだという、もっと明確な法制度を作らなくてはいけない。日本は他の先進国に比べて教育にかける予算が低いと言われているので、そういったことでも声を上げる必要があります」。

しかし、自治体や教育委員会、学校に合理的配慮を求めても、十分に理解されているとは言えないのが現状です。

「障害者に合理的配慮をしなければいけないというと、最初は障害者を特別に扱うような形になるかもしれませんが、最終的には、自分に返ってきます。例えば、精神障害のある人が長時間働くのは一般的に大変なので、うちの事務所でもパーテーションで区切ってベッドを置き、いつでも休めるようにしています。最初は、障害のある人が疲れたり、調子が悪くなったりした時に使っていましたが、やがて周りの人も体調が悪い時に使い始めました。すると、その人のためだった配慮がみんなに広がって、使いたい人、疲れた人、調子の悪い人が、そこで休むのが少しずつ普通になっていきました」。

「合理的配慮とは、周りが変わることで、みんなが楽になっていくことです。電磁波や化学物質にしても、その子どもたちが教室にいられるようにすれば多分、害を受ける子どももはいなくなるでしょう。みんなで一緒にいられる環境を作るのが、インクルーシブ教育の大切なところだと思います」。

「その一方で、法制度が整備されていないことや学校環境の不備を言い訳にさせないことも大切です。大阪府の事例（第4章3節）でも、先生たちが化学物質過敏症についてもっと勉強していれば、『ペンキを塗る予定があるけれど、どうでしょうか』という相談を保護者としながら、進めていけたと思う。そういう対応ができなかったのは、意識の問題が大きいと思います」。

DPI日本会議が発行した書籍『障害者が街を歩けば差別に当たる⁉』（現代書館）では、障害当事者が直面した様々な差別事例と相談窓口一覧などを紹介していますので、参考になさってください。

＊障害者権利条約と障害者差別解消法の資料は下記からダウンロードできます。
外務省パンフレット「障害者権利条約」（http://www.mofa.go.jp/mofaj/fp/hr_ha/page25_000772.html）
障害者の権利に関する条約（外務省）（http://www.mofa.go.jp/mofaj/files/000018093.pdf）
内閣府リーフレット「合理的配慮を知っていますか？」（http://www8.cao.go.jp/shougai/suishin/sabekai_leaflet.html）

参考文献

一木玲子「合理的配慮の提供を阻害するもの」教育と文化八一号（二〇一五年）：三二～四一頁
Stockholm City.Seminar about Electrical Sensitivity and situation of the Electro Sensitive（2003）
European Environment Agency."Late lessons from early warnings:science, precaution, innovation"(2013)
インクルーシブ教育を受ける権利に関する一般的意見第四号（障害保健福祉研究情報システム：http://www.dinf.ne.jp/doc/japanese/rights/rightafter/crpd_gc4_2016_inclusive_education.html）

高橋千鶴子衆議院議員議事録http://chiduko.gr.jp/kokk

4　発症者と非発症者が共に過ごす子育てサークル

札幌市に住む原田弘子（五四歳）さんは、化学物質過敏症や電磁波過敏症を発症した親子と、発症していない親子が一緒に遊ぶ子育てサークルを自宅で開いています。原田さん自身も化学物質過敏症を発症していますが、すでに子育てを終えた原田さんが子育てサークルを始めたのには、過敏症を発症して行き場がなくなった親子をなんとか助けたいという強い思いがありました。

職場の副流煙で化学物質過敏症に

原田さんが化学物質過敏症を発症したのは、二〇〇五年、四二歳の時でした。職場の副流煙で体調が悪くなり、数日後に職場に行くと、頭痛やめまい、吐き気、耳詰まりが起き、シンナー類を使うと、ひどいめまいが起きて歩行困難になり、のりなどの文房具でも症状が起きるようになりました。

反応するものは日ごとに増えていき、電車内の乗客の臭いに反応して症状が現れ、通勤できなくなりました。「ある日突然、地下鉄で化粧品の臭いを強く感じ、『皆、化粧品を変えたのかな』と思うほどでした」。

上司に症状を伝えると「困った体質だ」と言われて退社を余儀なくされました。「職場の対応に憤りを感じましたが、症状に対処するのが精一杯でした」。

原田さんは当時、持病の薬をもらっていましたが、病院にも入れなくなります。スーパー、ドラッグストア、コンビニ、書店、図書館、学校などでも化学物質臭を感じ、屋外では自動車の排気ガスで症状が出ました。

原田さんは夫と子ども三人と暮らしていましたが、合成洗剤やスプレー類、化粧品、線香などに反応するため、反応する物質を使わないよう家族に頼みました。概ね理解をしてもらえましたが、時には「協力してくれない時もあり、家族さえ理解してもらえぬ疎外感を感じた」といいます。

翌年、ドライヤーや掃除機を使うと頭痛や吐き気がしたり、パソコンや家電、蛍光灯、携帯電話などにも反応するようになりました。掃除機に反応してからは箒《ほうき》とちりとりで掃除をし、ドライヤーは使わなくなりました。

専門医を受診し、〇五年には化学物質過敏症、〇六年には電磁波過敏症と診断されました。その後、近所に引っ越してきた女性が化学物質過敏症を発症していることを知り、生活していく上での工夫などを情報交換し、「困ったことを相談できる心強さを感じた」そうです。

発達障害の子育て支援を学ぶ

化学物質過敏症を発症してから三年たつと、症状は徐々に軽くなっていき、行動範囲が広がっていきました。そこで、化学物質過敏症の発症者と食事会を開くなど、発症者同士の交流も深めていきました。

当初は「早く化学物質過敏症を治して働こう」と考えていましたが、再就職先でも家電の電磁波に反応して退職を余儀なくされます。「化学物質過敏症と付き合いながら生きていこう」と考えるようになり、自分にできることを考え始めました。

「私は子育てに悩んだり、苦労した経験があります。子どもの発達に課題があって、子育てのしにくさを感じている親御さんがたくさんいるので、ボランティアとして、そういった親の支援をしたいと思いました」。

具体的に何をやるかを模索しながら、二〇一二年に通信制の大学に編入し、特別支援教育や社会学などを学びました。

「近年、児童虐待が増えていますが、その背景には孤立化する親がいます。集団になじめなかったり、問題を起こしやすい子どもがいると、親はもっと孤立化しやすい。親を密室から出すにはどうしたらいいかを考え、少人数で参加しやすい子育てサークルを開こうと考えました」。

「子育て（育児）サークル」とは、子育て中の親などが主体になって、遊びや季節ごとの行事などを共同で行う自助グループです。これに対し、自治体などが主体になって専任スタッフを揃え、公共施設や児童会館、保育所などで行う常設の子育て支援を、「子育て（育児）サロン」などと呼びます（コラム参照）。

「札幌市内には子育てサロンが二六八カ所ありますが（二〇一六年一一月現在）、化学物質過敏症の発症者は、建材やワックス、じゅうたん、おもちゃ、絵本、合成洗剤や柔軟剤、化粧品の香料などに反応し、利用することができません。電磁波過敏症だと蛍光灯やＬＥＤ照明、携帯電話やスマホ、ファックス電話、無線ＬＡＮなどに反応し、交流したくてもできない親子がいます」。

「近所に住む化学物質過敏症のお母さんと子どもが孤立しているのを知りました。緊急に支援が必要な状態だったので、まずは過敏症から取り組むことにしました」。

原田さんは、化学物質や電磁波の少ない場所でサークルを開設しようとしましたが見つからず、二〇一四年四月、自宅で「子育てサークルわんこ」を開くことにしました。

サークルの参加者は過敏症発症者に限定せず、「合成洗剤を使わない人」としました。「子育てではいろんな人と接する方がいい。多様性のある広い交流が必要ですし、閉じこもるのはよくありません。子育ては辛いことや悩みも多いので、話をしながら気付いていくことが大事。誰かと話さないと辛くなります」。

「参加者は子どもを遊ばせながらおしゃべりをし、化学調味料や合成添加物を使わない食材で食物アレルギーに配慮したおやつをつくり、全員が同じものを食べられるようにしました」。

発症者と非発症者の交流で相互理解

大学の卒論では、自宅で開いている子育てサークルの有用性を取り上げることにしました。継続的にサークルに参加している母親ら七人を対象に、インタビュー形式の調査を行いました。このうち三人は化学物質過敏症を発症し、電磁波にも敏感ですが、四人は非発症者でした。

調査によって、回答者全員がサークル参加前には子育てに何らかの不安を抱えていましたが、参加後は全員が「解消または軽減した」ことがわかりました。

しかし、母親が抱えていた不安は、発症者と非発症者では大きく異なりました。非発症者は子ど

表18　化学物質発症者と非発症者がかかえている「不安」

発症者	●自分に何かあったらどうしよう ●自分がいつまで生きられるだろう ●どこまで症状が悪化するのだろう ●居場所がなくなる ●体調が悪化したら子育てや家事ができなくなる
非発症者	●子どもの育ちは大丈夫か ●子どもの病気（アレルギーなど）に関して ●子どもの将来（環境、食、社会事情等）に関して

出典：原田弘子「化学物質過敏症と子育て支援―自宅での子育てサークル」の有用性―」星槎大学平成28年卒業論文

もの発育や病気、将来の環境・食・社会情勢などに不安を持っていたのに対し、発症者は「自分がいつまで生きられるだろう」「自分に何かあったらどうしよう」といった、生命や健康に直結した深刻な不安を抱いていました（表18）。

非発症者に「サークル参加前に、化学物質過敏症を知っていたか」と尋ねると全員が「知らなかった」と答えましたが、参加後は全員が化学物質過敏症に関心を持っていました。自分で調べたり、過敏症について家族や友人に伝えた人もいました。

非発症者は、発症者と接する時や普段の生活で、「髪のオイルを化学物質過敏症でも大丈夫なものに変えた」、「重曹やクエン酸を掃除に活用するようになった」、「生活洗剤（台所用、風呂用、トイレ用）の合成洗剤使用をやめた」、「あかちゃんの『おしりふき』の成分を調べ、自然なものに変えた」など、化学物質を避けるための行動を起こしていました。

化学物質過敏症の人が現れたら、「協力するし、応援する」と全員が答えました。「自分には何ができるのか考えたい」、「化学物質過敏症であることを言って欲しい。そうしたら受け入れられるし、協力しやすい」という人もいました。

コラム　子育てサロン（厚生労働省・地域子育て支援拠点事業）

核家族化が進み、地域とのつながりが少なくなったため、子育て中の親は孤立化し、子育ての不安を抱え、負担感が大きくなっています。そこで政府は、乳幼児のいる子育て中の親子が交流し、子育ての悩みを相談したり、子育てに関する情報を提供する地域子育て支援拠点事業を推進しています。

実施主体は市町村ですが、社会福祉法人やNPO法人などに委託することもでき、常設の支援拠点である「一般型」と、児童館や保育所などの児童福祉施設に設置する「連携型」の二つに分けられます。

	一般型	連携型
実施主体	市町村（社会福祉法人、NPO法人、民間事業者等への委託も可能）	
実施場所	保育所、公共施設の空きスペース、商店街空き店舗、民家、マンション、アパートの一室など	児童福祉施設など
開設日数	1日5時間以上 週3～4日、週5日、週6～7日	1日3時間以上 週3～4日、週5～7日

政府は全国で1万カ所の開設を目指しており、2015年度には、全国で約7000カ所が設置されています。しかし、化学物質過敏症や電磁波過敏症の親子は、深刻な健康問題や不安を抱えて緊急に支援が必要な状態にいるのに、子育てサロンを利用できないため、孤立した状態にあります。障害や病気がある親子にこそ、子育て支援が必要です。

参考：内閣府「地域子ども子育て支援事業」（2015年1月）

「化学物質過敏症について知らない人が多いから、理解されないのだと思う。知らないと大変さがわからない」、「自分も同じような症状があり、化学物質や電磁波に敏感だと意識するようになった。妊娠中なので心配。気をつけようと思う」という声もあったそうです。

原田さんは「化学物質過敏症の人と健常者の交流が、お互いのためになっているとわかりました。発症していない人が周囲に働きかけをして、自分のこととして問題を受け止め発信してくれます。発症者が訴えることも大事ですが、協力者を作って発信していくのも効果的です。健常者が『健康や環境に悪影響があるから洗剤を変えた』というと、すごい効果があります」。

過敏症になるのを防ぐためにも、健常者に化学物質や電磁波のリスクを広く知ってもらうことが大切です。また、発症して苦しんでいる親子を助けるための子育て支援など、行政のサポートも必要です。

参考文献

原田弘子「化学物質過敏症と子育て支援―自宅での子育てサークル」の有用性―」星槎大学平成二八年卒業論文

5　社会と企業の認知を高めるために

過敏症の子どもたちは学校を卒業した後、働く場所がなく、アルバイトすらままならない状況です（第4章）。しかし、化学物質過敏症の人を対象に求人募集をする企業も現れました。

北海道倶知安町の菓子店「お菓子のふじい」が、二〇一八年三月、化学物質過敏症発症者を対象に求人募集をしたところ、新聞でも紹介され、全国から反響があったそうです。

同店の経営者である藤井千晶《ふじいちあき》さん（三七歳）の夫で菓子職人の隆良《たかよし》さん（五二歳）は、二〇一四年頃、化学物質過敏症を発症し、目の痛みや鼻水が止まらない、動悸などの症状が出るようになりました。それまでは家族経営でしたが、新しいスタッフを数人入れたところ、衣類の柔軟剤臭に反応しはじめたのです。

二〇一七年三月にようやく専門医を見つけ、化学物質過敏症と診断されました。千晶さんは自宅や店で使う洗剤、洗濯用洗剤や食器用洗剤、ハンドソープをはじめ、シャンプーやリンスに至るまで、全て石けん製品に変えました。

スタッフのユニフォームも、店側が石けんで洗うことにしましたが、隆良さんは、ユニフォームの下に着る衣類や下着から発生する柔軟剤臭にも反応するため、同じ過敏症発症者を対象に求人することにしました。千晶さんは当初、「周辺地域からの応募があれば」と考えていたそうですが、道内だけでなく、東北や東京、大阪からも応募がありました。中には電磁波過敏症を発症している人もいたそうです。しかし、症状が重い人が多く、また遠方からの応募だったので安全な住居を確保しなければいけないなどの問題があり、結局、採用には至りませんでした。

「発症者やその家族など五、六〇人から意見や励ましのメッセージがあり、問題が根深いことを実感しました」と千晶さんはいいます。「過敏症の認知を高め、社会に共感を広げたいと考えるように

CANARIA-UP

香害への理解、日本にもっと

カナリアップ（support-canaria.com）のロゴ。このロゴが入ったトートバックやバッジ、冊子などを製作する予定。

なりました。過敏症だと示すマークをつくり、みんなが認知するようになるだけでも、だいぶ違うはずです」。

そこで、千晶さんはクラウドファンディングで資金を集め、カナリアップというブランドをつくり、過敏症発症者や発症者を支援することを示すバッジや、認知を高める冊子などを作る計画です。

「他の企業の代表と会う際、過敏症について話すと『ウチで退職した人は、それが原因かもしれない』という経営者もいます。経営者が決断すれば、トップダウンで化学物質対策もできるはず。将来は企業向けの冊子もつくり、社員教育に使って欲しいし、そういう企業が増えれば過敏症発症者の就職にもつながるのでは」と千晶さんは考えています。

第7章　子どもたちを守るためにできること

これまで紹介してきたように、化学物質過敏症や電磁波過敏症を発症して学校に通えなくなったり、体調不良をかかえながら勉強している子どもたちがいます。子どもたちは、微量の曝露が蓄積した結果、化学物質や電磁波に反応するようになり、保護者も同様の症状を持っているケースが多いのです。

電磁波や化学物質の健康影響は海外でも注目され、無香料ポリシーや無線ＬＡＮの禁止などの対策が導入されています。日本でも、子どもたちを守るために、学校環境を改善する必要があります。

文部科学省のシックスクール指針

文部科学省は、二〇一二年に「健康的な学習環境を維持管理するために」を発表し、シックハウス症候群や化学物質過敏症の子どもたちへの対応を示しています。

床用ワックスはできるだけ揮発性有機化合物を含まないものを使うこと、芳香剤や消臭剤をできるだけ使わないこと、症状が軽くても学級担任だけが担当するのではなく学校全体の問題としてとらえるよう求めています。

また化学物質過敏症は個人差があり、症状の程度も異なるので、重症度に応じた対応をとるよう示しています（表19）。

過敏症の子どもたち自身が、原因物質から離れたり、保健室で休むなどの対処方法を判断できる場合は、その選択を尊重して支援することも明記しています。

適切に対処してもらえるといいのですが、本書で取り上げたように、現場の理解や協力が不十分

表19　化学物質過敏症の子どもへの対応例

重症度	症状	対応上の留意点
低	学校環境衛生基準以内であっても特定化学物質に曝されると体調不良をきたす。	換気をして特定化学物質の濃度を低減化。原因物質から回避し登校可能。
↓	他の児童生徒等が反応しない極微量の特定化学物質に過敏に反応。体調不良をきたす。	原因物質から回避すると共に健康観察と個別配慮によって登校可能。
↓	極微量の多種類の化学物質に過敏に反応し体調不良。	時として過敏な反応と共に症状を示し、学校生活が困難であるが登校可能。
高	極微量の多種類の化学物質に過敏に反応し体調不良。登校困難。	登校は困難であるので、訪問教育等特別支援を保護者と共に検討する。

出典：文部科学省「健康的な学習環境を維持管理するために」(2012)

な場合も少なくありません。

文部科学省は登校困難な場合、訪問教育等特別支援を検討すると示しているのに（表19）、現場では特別支援教室の開設を求めて交渉を重ね、症状が悪化してから三年目にようやく設置されるような状況なのです。

子どもに寄り添ったシックスクール対策

北海道旭川市では、さらに踏み込んだ対策をしています。旭川市には一九九九年頃から化学物質過敏症の発症者が転地療養に訪れるようになりました。二〇〇一～二〇〇三年にかけて、旭川医科大学や北里研究所病院、東京大学などの研究機関や患者支援団体、ハウスメーカーなどの事業者によって、転地療養施設の安全性や転地療養の効果について、共同研究が行われました。

また二〇〇一年には、庁舎の改修工事が原因で保健師四名が化学物質過敏症を発症し、公務災害（仕事が原因で病気や怪我をすること、民間の労災にあたる）として認められた経験があります。

これらの経験も踏まえ、先進的な「シックスクール対策マニュアル」が二〇一三年に策定されました。

旭川市のマニュアルによると、学校の新築・改修工事では放散量の少ない建材を使用するだけでなく、文部科学省の学校環境衛生基準で定められたホルムアルデヒドなどが指針値を超えている場合は、引き渡しを受けないと明記しています。

さらに新築・改築した後の一定期間は、文部科学省が定めた物質以外でも基準値の四五％を超えた物質について測定検査を続け、子どもたちの安全確保を目指します。

新築・改築した建物に移転する前と移転後三カ月程度は定期的に健康調査を行い、「シックスクール症候群と思われる症状や兆候が発見された場合は、学校保健課に速報する」と定めています。「学校だより」や「保健だより」を通じて、日頃から化学物質測定検査の結果や症状の緩和方法などの情報提供を行い、学校行事に保護者が参加する場合は「香水・化粧品を控えるなど、理解と協力を求める」としています。学校職員も、化学物質による影響から子どもたちを守るために、「香水などは慎み、化粧品・整髪料についても控えめにすること」と明記しました。

旭川市では二〇〇〇年からトイレボールの使用を禁止しています。トイレボールに使われているパラジクロロベンゼンは、発がん性の可能性があり、呼吸器や目を刺激し、中枢神経系や肝臓への影響も報告されています。

有機リン系や有機塩素系の防虫剤や消毒剤を使うことはできません。ペンキは水溶性、ワックスはできるだけノンホルムム、ノントルエンの製品を選び、換気のよい場所で塗布し、作業する職員の健康にも留意するよう求めています。

化学物質だけでなく電磁波の影響にも言及しました。「電磁波（電磁波過敏症：携帯電話・テレビ・電子レンジ・パソコン、高圧トランスなど）・アレルゲン（ハウスダスト・ダニ、カビ）などを原因とする健康被害もあり、児童生徒の家庭環境などにも注意を払うとともに」、問題があった場合は学校医にも相談し、保護者と連携して適切な対策をとることになっています。

体調不良が発生した場合の対応として、汗をかいて新陳代謝を促すことや、食事療法、抗酸化力のあるビタミンやミネラルの補充、十分な睡眠をとることなどの対処方法も示しました。

旭川市の保健所では、化学物質過敏症やシックハウス症候群の健康相談も行い、ホームページでも主な症状や化学物質のリスクを伝え、換気の重要性を説明しています。

旭川市のような取り組みは、子どもたちの異変をいち早く察知するのに役立つのではないでしょうか。

情報共有で保護者、教職員の負担を軽減

二〇一二年に学校給食でアナフィラキシーショックを起こした小学生が死亡する、痛ましい事件がありました。このような事態を起こさないよう、文部科学省は「学校給食における食物アレルギー対応指針」を二〇一五年にまとめ、保護者や担任、栄養教諭、学校栄養職員、学校・調理場の職員が情報を共有し、事故を起こさない体制づくりを目指しています。

事故やヒヤリ・ハット事例（重大な事故になりかねなかった事例）が起きた場合は、学校内だけでな

く教育委員会や文部科学省にも情報が届き、蓄積される仕組みです（図24）。一件の重大事故の影には二九件の軽微な事故があり、その背後には三〇〇件のヒヤリ・ハット事例があるといわれ、ヒヤリ・ハットを減らすことが安全性確保につながります。

この食物アレルギー対応と同様の対応を、化学物質過敏症や電磁波過敏症でも行えないでしょうか。例えば、「A社のワックスでこんな症状が出て、何カ月休んだ」とか、「席替えをして、通気性の良い場所に移動したら症状が改善した」などの情報を蓄積していけば、初めて過敏症の子どもを担当する教師や学校にとっても、有益なデータとして利用できるはずです。

もちろん、過敏症は個人差が大きい病気ですから、ある子どもで効果があった対策が、他の子どもでも大丈夫とは限りません。個人差が大きく一人一人への対策が違うことを、決して忘れてはいけません。それでも、ゼロから代替品や対策を調べるよりは、過去の事例がわかれば対処もしやすく、迅速に動けるのではないでしょうか。

未知の病気や状況に対応しなければいけない教職員の精神的な負担も軽減できるでしょうし、対応経験のある学校や教師に相談できるようにもなるでしょう。役所にとっては、他の自治体での前例があれば、新しい対策でも導入しやすいという面もあるはずです。

国としての取り組みには時間がかかるかもしれませんが、自治体の中で各学校が情報共有する仕組みを作ることはできるのではないでしょうか。

個人情報に配慮する必要はありますが、その自治体内だけの情報交換に止めず、他の自治体や保護者、医療関係者、研究者、教員を目指す学生、建築関係者など、関心のある人が誰でもアクセスで

図24　給食における食物アレルギー対応に関する流れ

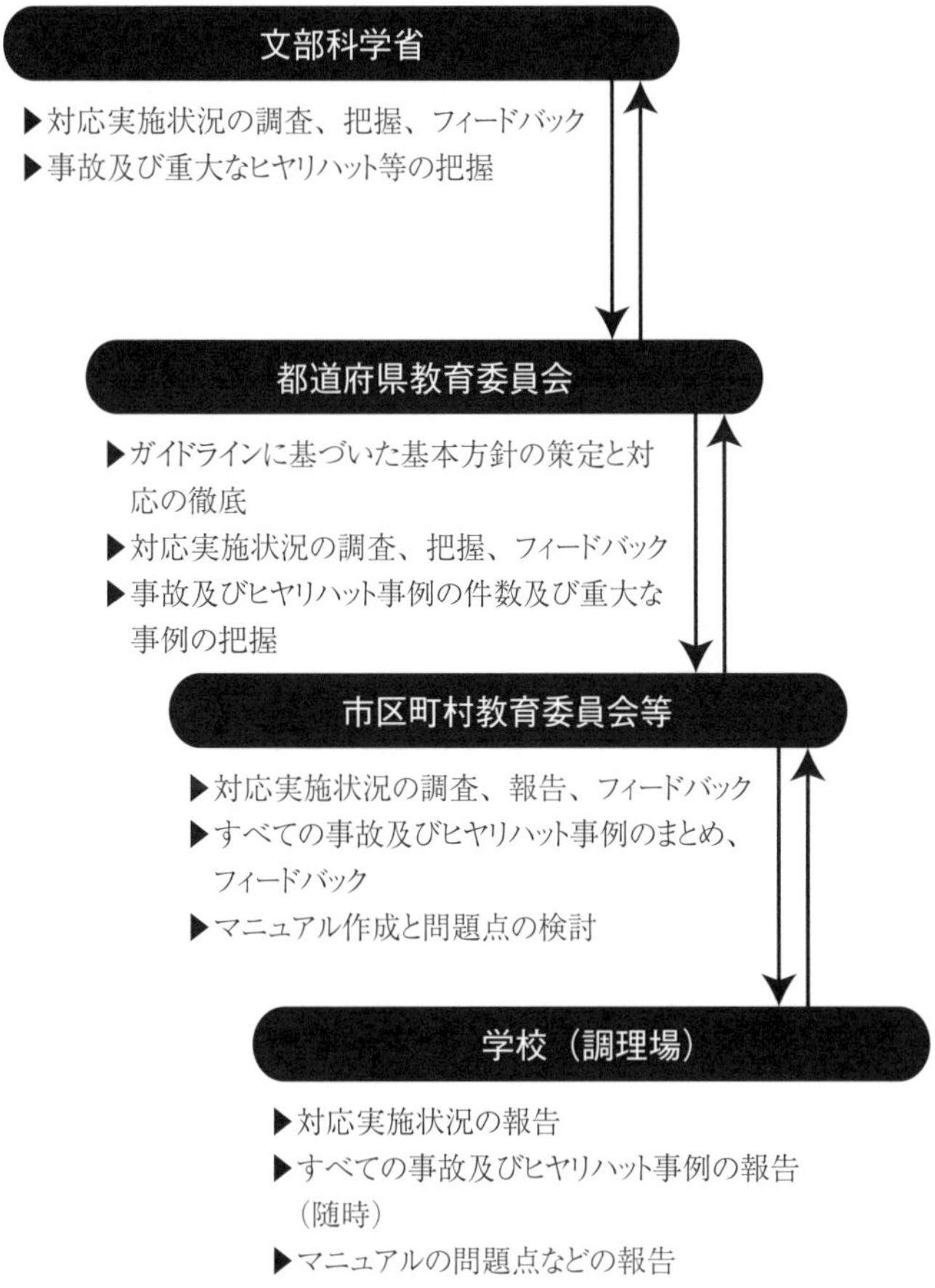
文部科学省
▶対応実施状況の調査、把握、フィードバック
▶事故及び重大なヒヤリハット等の把握
都道府県教育委員会
▶ガイドラインに基づいた基本方針の策定と対応の徹底
▶対応実施状況の調査、把握、フィードバック
▶事故及びヒヤリハット事例の件数及び重大な事例の把握
市区町村教育委員会等
▶対応実施状況の調査、報告、フィードバック
▶すべての事故及びヒヤリハット事例のまとめ、フィードバック
▶マニュアル作成と問題点の検討
学校（調理場）
▶対応実施状況の報告
▶すべての事故及びヒヤリハット事例の報告（随時）
▶マニュアルの問題点などの報告

※市区町村教育委員会等
　都道府県教育委員会（都道府県立学校）、政令指定都市を含む市区町村教育委員会、国立大学法人、学校法人等の学校設置者を含む

出典：文部科学省「学校給食における食物アレルギー対応指針」(2015)

きるようにしてはどうでしょう。多角的に問題を考えることで、よりよい対策が見つかるのではないでしょうか。

せめて過敏症のこどもたちについて、学校内での情報共有はして欲しいものだと思います。化学物質過敏症の場合、化学物質への曝露を避けることが必須ですし、体調不良を起こした際に不適切な投薬治療を行えば症状を悪化させることもあるからです。

残念ながら過敏症の子どもに関する情報が、学校全体で共有されていないケースがままあり、保護者が他学年の先生に働きかけて、何かあった時の対応をお願いしているのが現状です。保護者は緊急時の対応などをまとめた資料を担任に提出していますが、それらを校内で共有し、誰でも対応できるような体制が望まれます。

自然素材なら安全か？

化学物質については、柔軟剤や合成洗剤に含まれる香料のリスクを、子どもや保護者、学校が共有し、原則として香料のない空間にするべきでしょう。日本でも、海外の自治体や企業が実践している「無香料ポリシー」を取り入れ、学校や公共空間は無香料が当たり前という社会にしたいものです。

なお、シックハウス（シックスクール）対策として、スギやヒノキなどの自然素材を利用する動きもありますが、日本臨床環境医学会がまとめた「シックハウス症候群マニュアル」（東海大学出版）によると、スギやヒノキ、マツなどは防虫成分であるテルペン類を揮発させ、屋内のＶＯＣ濃度を高める可能性があります。

昔は山で伐採した木を筏に組んで運び、河口に集めて海水に晒すなど、目的地まで時間をかけて運び、住宅の構造も通気性が高かったのですが、「現在の高気密高断熱の住宅の中に、伐採してすぐ、人工的に短時間で乾燥させた木材を使用すれば、室内濃度は非常に高濃度になる」ため、室内空気中のテルペン類の濃度が二万μg／㎥になることもあるそうです。自然素材だから安全という思い込みが患者を増やす恐れがある、と注意を促しています。

針葉樹は中枢神経を刺激するケトン類やアルデヒド類も多く含んでいます。針葉樹を床材や壁材に使った家と、木質複合フローリングやビニールクロスを使った一般的な化学建材住宅では、アセトアルデヒド濃度に差がなかったという報告もあります。自然素材だからと言って過信してはいけません。その建材から何がどのくらい揮発しているのか、きちんと確認をすべきです。

低周波音にも注意

化学物質対策として教室に換気扇（ロスナイ）を設置する場合もあります。「ロスナイの電磁波で体調が悪くなる」という声もありますが、通常、換気扇から発生する程度の低周波磁場は、数十センチ離れればバックグラウンドレベルに低下します。

体調不良がある場合は、換気扇の低周波音が原因かもしれません。低周波音は屋内で反響しますし、数メートル離れてもあまり変わりません。

低周波音も、頭痛やめまい、圧迫感、疲労感など電磁波過敏症と非常によく似た症状を引き起こします。これらの症状は風力発電施設周辺で見られるので「風車病」と呼ばれることもあります。

消費者庁もエコキュートの低周波音による健康被害を調査し、症状と低周波音の関連性を認めています。体調不良の原因が電磁波なのか音なのかを見極め、必要な対策をとらなくてはいけません。

近年は、各地で風力発電施設の設置が増えています。かつては二〇〇〇kW級の風車が中心でしたが、今では四〇〇〇kW級の大型風車が中心で、発電施設に設置される機数も増えています。大型化や設置機数の増加と共に低周波音の影響を受ける地域も拡大しています。

例えば、北海道石狩市では四社の風力発電施設が集中し、すべて稼働すれば、隣接する小樽市や札幌市を含める広い地域で、少なくとも四〇〇〇人に圧迫感や振動感などの体調不良が起きる可能性があると推計されています。

子どもたちが居住する地域では、保育園や幼稚園、学校、住宅が風力発電施設から発生する低周波音の影響を受けないよう、とくに注意が必要です。

二〇W規模の小型風力発電施設が住宅地にも立ち始めています。こういった施設が教育施設周辺や住宅地に立たないよう、条例で規制することも必要でしょう。

電磁波に対する対策

学校無線ＬＡＮについては、すでに諸外国が有線ＬＡＮに切り替えたり、無線ＬＡＮを停止するなどの動きが出ています（第3章）。これから導入するなら、アメリカのメリーランド州が勧告したように、有線ＬＡＮにすること、次善の策として無線にする場合は使用時だけオンにして、使い終わったらすぐに切るといった対策が必要です。手元スイッチをつければ、アクセスポイントの電源を簡単にオフにできます。

イスラエルでは、低学年の子どもたちが無線に触れる時間を制限したり、被曝量を最小限にするよう求めています。

どうしても無線LANを導入するというのなら、保護者にも事前に知らせ、配慮を必要とする子どもがいないかどうかや、今後、電磁波を避けなくてはいけない子どもが入ってきた場合にどうするのかなど、対策を協議するべきでしょう。

経済協力開発機構（OECD）が、ICT教育が進むと成績が落ちる傾向があると報告していますが、教育上の効果や、子どもの被曝影響を最小限にする方法、諸外国の動向や、タブレット型パソコンを使った授業中の被曝量なども調べるべきではないでしょうか。

旭川市が新築・改修した学校などに入る前と移転後の一定期間は健康調査を行っているように、無線LAN導入前と導入後の健康調査も行い、異変がないかどうか確認し、何かあれば無線LANを停止するなど、対応の手順もシックスクール対策マニュアルに記載しておいてはどうでしょう。

「無香料ポリシー」を導入する場合、化学物質だけでなく電磁波についても記載し、一定エリアを電磁波のない空間にするのも一案でしょう。

公共施設や交通機関では、どこに無線LANアクセスポイントがあり、どのあたりが被曝エリアになるのかを情報公開するほか、電磁波を避けたい人でも公共施設や交通機関を利用できるような、「棲みわけ」が必要ではないでしょうか。健康への影響を考えれば、無線通信を行わないのが当たり前になって欲しいと思いますが、当面は棲みわけによって、通信機器を使いたい人と電磁波を避けたい人が共存できる仕組みや、人混みでは携帯電話やスマートフォン、タブレット機器を使わないなどの新しいルールが必要ではないでしょうか。

タバコの副流煙から健康を守るために喫煙室が設けられたように、電磁波も無線通信機器を使えるエリアと使えないエリアにはっきりと分けるのも一案でしょう。

今後、ますます電磁波や化学物質が増えていく中で、子どもたちが暮らす環境をどのように守っていくのか、考えなくてはいけないでしょう。そもそも、これ以上の多機能で大容量の無線通信が必要なのかも、議論すべきです。

このまま進めば、ますます睡眠障害やうつ、がん、発達障害など、体調不良を訴える人が増えないでしょうか。病気や障害のある人にとって安全な環境は、すべての人が暮らしやすいものであり、インクルーシブな社会を作る上でも必要になるでしょう。

〈著者略歴〉

加藤やすこ（かとう　やすこ）

1966年北海道生まれ。環境ジャーナリスト。化学物質過敏症、電磁波過敏症発症後は、これらの環境病をテーマに執筆。訳書にザミール・P・シャリタ博士著『電磁波汚染と健康』、著書に『電磁波による健康被害』、『電磁波過敏症を治すには』、『電磁波・化学物質過敏症対策（増補改訂版）』、『危ないオール電化住宅（増補改訂版）』、『ユビキタス社会と電磁波』（いずれも緑風出版）、『電磁波から家族を守る』（企業組合建築ジャーナル）。共著に『本当に怖い電磁波の話　身を守るにはどうする？』（金曜日）など。電磁波過敏症の研究の第一人者、オーレ・ヨハンソン博士（カロリンスカ研究所、スウェーデン）との共著論文も発表。電磁波過敏症の患者会『いのち環境ネットワーク（https://www.ehs-mcs-jp.com、旧・VOC-電磁波対策研究会）』代表。同会サイトでは海外の文献の訳文なども紹介し、ダウンロードできる。

シックスクール問題《もんだい》と対策《たいさく》

2018年9月10日　初版第1刷発行　　定価1800円＋税

著　者　加藤やすこ©
発行者　高須次郎
発行所　緑風出版
〒113-0033　東京都文京区本郷2-17-5　ツイン壱岐坂
〔電話〕03-3812-9420　〔FAX〕03-3812-7262　〔郵便振替〕00100-9-30776
[E-mail] info@ryokufu.com
[URL] http://www.ryokufu.com/

装　幀　斎藤あかね
制　作　R 企 画　　印　刷　中央精版印刷・巣鴨美術印刷
製　本　中央精版印刷　　用　紙　大宝紙業・中央精版印刷　E1200

ISBN978-4-8461-1813-6　C0036

電磁波汚染と健康【増補改訂版】
ザミール・P・シャリタ著／荻野晃也・出村守・山手智夫監修／加藤やすこ訳
四六判上製 三九四頁 2800円
電磁波汚染は、ガンの他、様々な病気や電磁波過敏症という新たな病気も生み出した。本書は、体を蝕む電磁波汚染を取り上げ、そのメカニズムを解説し、環境汚染の中で暮らしていくためのアドバイスを、具体的に提案。二〇一四年改訂。

携帯電話でガンになる!?
国際がん研究機関評価の分析
電磁波問題市民研究会編著
四六判上製 二四〇頁 2000円
WHOの研究機関であるIARC（国際がん研究機関）が、携帯電話電磁波を含む高周波電磁波（場）をヒトへの発がんリスクの可能性あり、と発表した。本書は、評価の内容と意味を分析し、携帯電話電磁波問題の対処法を提起。

電磁波の何が問題か
［どうする基地局・携帯電話・変電所・過敏症］
大久保貞利著
四六判並製 二二四頁 2000円
基地局（携帯電話中継基地局、アンテナ）、携帯電話、変電所、電磁波過敏症、IH調理器、リニアモーターカー、無線LAN、等々の問題を、徹底的に明らかにする。また、電磁波問題における市民運動のノウハウ、必勝法も解説する。

プロブレムQ&A
ユビキタス社会と電磁波
［地デジ・ケータイ・無線LANのリスク］
加藤やすこ著
A5判変並製 一九六頁 1800円
地上デジタル放送開始で、何が変わるのか？ ユビキタス社会とはどんな社会か？ 機器・施設ごとの問題点を分析、海外の情報や疫学調査も取り上げ、電磁波が我々の健康に及ぼす影響を検証する。近未来社会を考えるための読本。

暮らしの中の電磁波測定
電磁波問題市民研究会編
四六判並製 二二四頁 1600円
デジタル家電、IH調理器、電子レンジ、携帯電話、地デジ、パソコン……そして林立する電波塔。私たちが日々浴びている、日常生活の中の様々な機器の電磁波を最新の測定器で実際に測定し、その影響と対策を検討する。

危ないリニア新幹線

リニア・市民ネット編著

四六判上製
三〇四頁
2400円

JR東海によるリニア中央新幹線計画は、リニア特有の電磁波の健康影響問題や、中央構造線のトンネル貫通の危険性、地震の時の安全対策など問題が山積だ。本書は、問題点を、専門家が詳しく分析し、リニア中央新幹線の必要性を考える。

隠された携帯基地局公害

九州携帯電話中継塔裁判の記録

九州中継塔裁判の記録編集委員会著

四六判並製
三〇四頁
2200円

全国至る所に中継塔の設置が相次いでいる中、九州各地で、携帯電話中継塔の撤去を求めて8つの裁判が提起された。その経過と特徴並びにその到達点と今後の課題を、裁判を担当した弁護士らが報告。また当事者の思いをまとめた書である。

電磁波過敏症

大久保貞利著

四六判並製
二一六頁
1700円

世界で最も権威のある電磁波過敏症治療施設、米国のダラス環境医学センターを訪問し、過敏症患者に接した体験をもとに、電磁波過敏症について、やさしく、丁寧に解説。誰もがかかる可能性のある過敏症を知る上で、貴重な本だ。

プロブレムQ&Aシリーズ

危ない携帯電話［増補改訂版］

［それでもあなたは使うの？］

荻野晃也著

A5判変並製
二三二頁
1900円

携帯電話が爆発的に普及している。しかし、携帯電話の高周波の電磁場は電子レンジに頭を突っ込んでいるほど強いもので、脳腫瘍の危険が極めて高い。本書は、政府や電話会社が否定し続けている携帯電話と電波塔の危険を解説。

健康を脅かす電磁波

荻野晃也著

四六判並製
二七六頁
1800円

電磁波による影響には、白血病・脳腫瘍・乳ガン・肺ガン・アルツハイマー病が報告されています。にもかかわらず日本ほど電磁波が問題視されていない国はありません。本書は、健康を脅かす電磁波問題を、その第一人者がやさしく解説。